westermann

Diercke

Geographie

Sachsen-Anhalt

Schuljahrgänge 5/6

Moderatorinnen:
Notburga Protze
Margit Colditz

Autorinnen:
Margit Colditz
Cornelia Linde
Notburga Protze

unter Mitwirkung
der Verlagsredaktion

Zeichenerklärung

Mit einem i versehene Texte geben dir weiterführende Informationen oder Begriffserklärungen.

Fettdruck Die im Fachlehrplan ausgewiesenen, verbindlich anzueignenden Fachbegriffe sind in den Texten fett gedruckt. Ihre Erklärung findest du auch im GeoLexikon am Ende des Buches.

Unter den angefügten Internetadressen findest du vertiefende Informationen.

GeoMethode

So gehst du vor

1. •
   •
2. •
   •
3. •
   •

Auf diesen Seiten findest du im Fachlehrplan ausgewiesene Methoden. Zu ihrer Aneignung werden dir in blauen Kästen Arbeitsschritte angegeben, die du an Beispielen anwenden und festigen kannst.

Durch Eingabe des Web-Codes unter der Adresse schueler.diercke.de (z. B. 100800-030) gelangst du auf die passende Atlasseite. Du erhältst zudem Hinweise zu ergänzenden Karten mit zahlreichen interaktiven Infos.

Dieses Symbol weist auf das Arbeitsheft hin. Darin kannst du anwenden, üben und festigen.

GeoKompetenzen

Am Ende eines jeden Kapitels dient der Kompetenz-Check dazu, den Stand deiner Kompetenzentwicklung individuell zu hinterfragen. Darüber hinaus helfen dir Beispiele von Klassenarbeiten und Aufgabenstellungen bei der Anwendung und Festigung erworbener Kompetenzen.

Ich kann ...	
☺ sehr gut	😐 befriedigend
☺ gut	☹ mangelhaft

Titelfoto: Verkehr auf der Brennerautobahn

Druck A⁴ / Jahr 2023
Alle Drucke der Serie A sind im Unterricht parallel verwendbar.

Redaktion: Lektoratsbüro Eck, Berlin
Druck und Bindung: Westermann Druck GmbH, Georg-Westermann-Allee 66, 38104 Braunschweig

ISBN 978-3-14-**140008**-3

1 Die Erde als Planet und Lebensraum 6

Geographie – ein neues Unterrichtsfach 8
Planetare Merkmale der Erde 12
Orientierung auf der Erde 18
GeoMethode: Mit dem Atlas arbeiten 20
Lebensräume der Menschen 24
GeoMethode: Eine Collage gestalten 29
GeoKompetenzen 30

2 Orientierung in Deutschland 32

Bundesrepublik Deutschland 34
Hauptstadt Berlin 38
GeoMethode: Einen Stadtplan lesen 41
Natur- und wirtschaftsräumliche Gliederung 42
GeoMethode: Eine physische Karte lesen 46
GeoMethode: Eine Kartenskizze anfertigen 47
GeoMethode: Eine thematische Karte lesen 49
Sachsen-Anhalt 50
GeoMethode: Eine Mental Map anfertigen 52
GeoKompetenzen 53

3 Landschaften und ihre Nutzung 54

Das Norddeutsche Tiefland 56
Der deutsche Küstenraum 58
GeoMethode: Eine Profilskizze lesen und anfertigen 61
Das Wirken der Gezeiten 62
Urlaub an der Küste 64
GeoMethode: Ein Bild beschreiben 69
Mittelgebirgslandschaft 70
Formenvielfalt und Entstehung 72
Zusammenhänge in der Natur 76
Touristische Nutzung 78
GeoMethode: Einfache Zusammenhänge herstellen 83
Von der Quelle zur Mündung 84
Leben und Wirtschaften an der Elbe 86
GeoMethode: Einen Sachtext lesen 91
GeoKompetenzen 92

4 Agrar- und Industrieräume im Wandel 94

Landwirtschaft im Überblick 96
Ackerbau in den Börden 100
GeoMethode: Ein Bodenprofil lesen 101
Weitere Formen der Landwirtschaft 104
Dörfer im Wandel 110
Industrie im Überblick 112
GeoMethode: Einen Verdichtungsraum analysieren 115
Ruhrgebiet im Strukturwandel 116
GeoMethode: Tabellen und Diagramme lesen 119
Weitere Verdichtungsräume 120
Leben in der Stadt 128
GeoMethode: Den Heimatraum erkunden 130
GeoMethode: Eine Zukunftswerkstatt durchführen 131
GeoKompetenzen 132

5 Orientierung in Europa 134

Europa im Überblick 136
Kulturelle Vielfalt 140
Relief und Gewässer 142
Klima und Vegetation 146
GeoMethode: Klimadiagramme lesen und vergleichen 148
Kurzkontrolle 152
GeoKompetenzen 153

6 Landschaften und ihre Nutzung 154

Glazial geprägte Landschaften 156
Eiszeitliches Abtragungsgebiet 158
Leben und Wirtschaften in Nordeuropa 160
Eiszeitliches Ablagerungsgebiet 164
Vielfältige Nutzung 166
Hochgebirgslandschaft Alpen 170
Entstehung eines Faltengebirges 174
Leben und Wirtschaften in den Alpen 176
GeoMethode: Ein Rollenspiel durchführen 181
GeoMethode: Eine erdgeschichtliche Zeittafel lesen 182
GeoKompetenzen 183

7 Verdichtungsräume in Europa 184

Wirtschaftsräumliche Gliederung 186
Bevölkerung 188
GeoMethode: Eine Bevölkerungskarte lesen 189
Metropolen in Europa 190
Wirtschaftsregionen Europas 196
Die Europäische Union 202
Zusammenarbeit in Europa 204
Euroregionen 208
GeoMethode: Eine Mindmap anfertigen 210
GeoKompetenzen 211

8 Ausgewählte Länder Europas 212

GeoMethode: Ein Land unter einer Fragestellung analysieren 214
Republik Island 216
Republik Polen 220
GeoMethode: Im Internet recherchieren 223
Königreich der Niederlande 224
Republik Rumänien 226
Republik Ungarn 228
GeoMethode: Eine Wandzeitung gestalten 231
GeoMethode: Einen Vortrag halten 232
GeoKompetenzen 233

9 Subtropische Zone als Natur- und Lebensraum 234

Klima und Vegetation 236
Landwirtschaftliche Nutzung 238
Unruhiger Mittelmeerraum 242
GeoMethode: Arbeit mit Handstücken 245
Urlaub am Mittelmeer 246
Klassenarbeit 250
GeoKompetenzen 251

Anhang 252

1 Die Erde als Planet und Lebensraum

Geographie – ein neues Unterrichtsfach 8

Planetare Merkmale der Erde 12

Orientierung auf der Erde 18

GeoMethode: Mit dem Atlas arbeiten 20

Lebensräume der Menschen 24

GeoMethode: Eine Collage gestalten 29

GeoKompetenzen 30

In diesem Kapitel erwirbst du folgende Kompetenzen und wendest diese an:

- Merkmale des Planeten Erde beschreiben, dabei seine Einzigartigkeit und Schönheit aufzeigen,
- die Bewegungen der Erde darstellen und Folgen für die Beleuchtung erläutern,
- die Kontinente und Ozeane sowie wichtige Gebirge und Tiefländer nennen und ihre Lage beschreiben,
- unterschiedliche Hilfsmittel zur Orientierung beschreiben,
- den Aufbau des Atlas als wichtiges Hilfsmittel im Fach Geographie beschreiben und geographische Objekte in ihm auffinden,
- die Vielfalt des Lebens auf unserem Planeten mithilfe von Bildern erläutern.

M1 *Die Internationale Raumstation (ISS) umrundet in 380 Kilometern Höhe die Erde.*

M1 *Die Erde muss vom Menschen geschützt werden.*

„Als ich den Planeten Erde vom Weltraum aus sah, in all seiner unglaublichen Schönheit und Zartheit, erkannte ich: Die dringendste Aufgabe der Menschheit besteht darin, für die Erde zu sorgen und sie künftigen Generationen zu bewahren."

Sigmund Jähn: Er startete am 26. August 1978 als erster Deutscher ins All.

M2 *Viehzüchter in Kenia*

Auf dem Weg zu einem Geoexperten

Geographie steht auf dem Stundenplan in deiner neuen Schule. Das Fach ist mit der Wissenschaft Geographie ganz eng verwandt. Geographie besteht aus den griechischen Wörtern „geo(s)" (Erde) und „graphein" und bedeutet „die Erde beschreiben". Du bist sicher gespannt darauf, was dich in diesem neuen Fach erwartet. Ganz einfach: Die Erde erkunden! In jeder Klassenstufe kannst du sehr viel Interessantes lernen. So erfährst du zum Beispiel,

- welche Naturerscheinungen und Naturereignisse es auf der Erde gibt,
- wie Menschen in verschiedenen Räumen der Erde leben,
- wo und warum es Gebirge, Tiefländer, Gletscher und Wüsten gibt,
- warum und wie der Mensch die Erde nutzt und gestaltet,
- dass die Erde „zerbrechlich" ist und deshalb vom Menschen geschützt werden muss.

Im Fach Geographie lernst du auch, wie du dir mithilfe von Karten, Bildern und anderen Materialien selbst fremde Räume erschließen kannst.

M3 *Petronas-Towers (Malaysia)*

M4 *Vulkanausbruch (Hawaii)*

M5 *Indiokinder in Peru*

Geographie – das Fach zum ...

... Erkunden und Erforschen von Räumen. Dabei lernst du verschiedene Arbeitsmittel und Methoden kennen, die du im Geographieunterricht immer wieder anwenden wirst. Dazu gehören vor allem das Lesen von Karten, Zeichnen von Kartenskizzen, Beschreiben von Bildern und das Auswerten von Fachtexten, Statistiken, Klimadiagrammen.
Digitale Medien sind besonders wichtig für das Sammeln von Informationen und beim Präsentieren von Arbeitsergebnissen. Ohne Übung geht das nicht. Schau in den gelben Kasten, was du alles machen kannst.

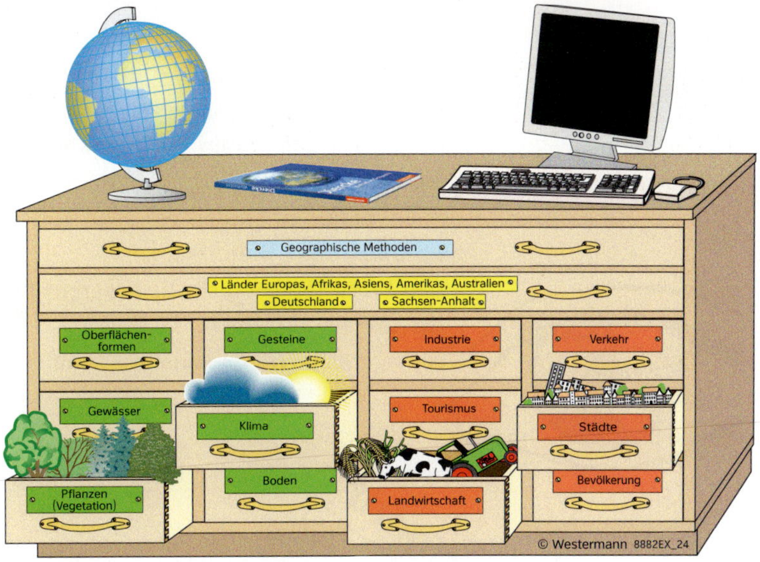

M7 *Teilbereiche der Geographie*

Arbeitsmittel

M6 *Auswahl an Arbeitsmitteln und Arbeitsweisen im Geographieunterricht*

Arbeitsweisen
- Fotografieren und Bilder auswerten
- Kartenskizzen zeichnen
- Texte markieren und auswerten
- Interviews durchführen
- Experimente durchführen
- Diagramme zeichnen
- Filme auswerten
- Flächen und Räume ausmessen
- Atlas und Globus benutzen
- Internet zur Recherche nutzen

1. Berichte, was du im Fach Geographie lernen kannst.

2. Ordne die Fotos M2 bis M5 den Teilbereichen der Geographie zu.

3. Die einzelnen Arbeitsmittel in M6 sind mit Buchstaben gekennzeichnet. Ordne den Arbeitsweisen diese Buchstaben zu. Von oben gelesen ergeben sie einen Satz.

Geographie – verschiedene Räume im Blick

Wir sprechen von unserem Lebensraum, freuen uns über einen schönen Klassenraum oder sehen Bilder aus dem Weltraum. Manchmal hören wir auch von einem bedrohten Naturraum.

Das Wort Raum taucht in unserem Alltag ständig auf. Dabei ist „Raum" schon ein sehr altes Wort. „Raum" stammt vom althochdeutschen Wort „rūmi" ab und bedeutet „weit" oder „geräumig".

Räume haben im menschlichen Leben eine besondere Bedeutung. Jeder von uns lebt in einem Raum. Im Geographieunterricht erfährst du von Menschen, die in verschiedenen Räumen leben oder lebten.

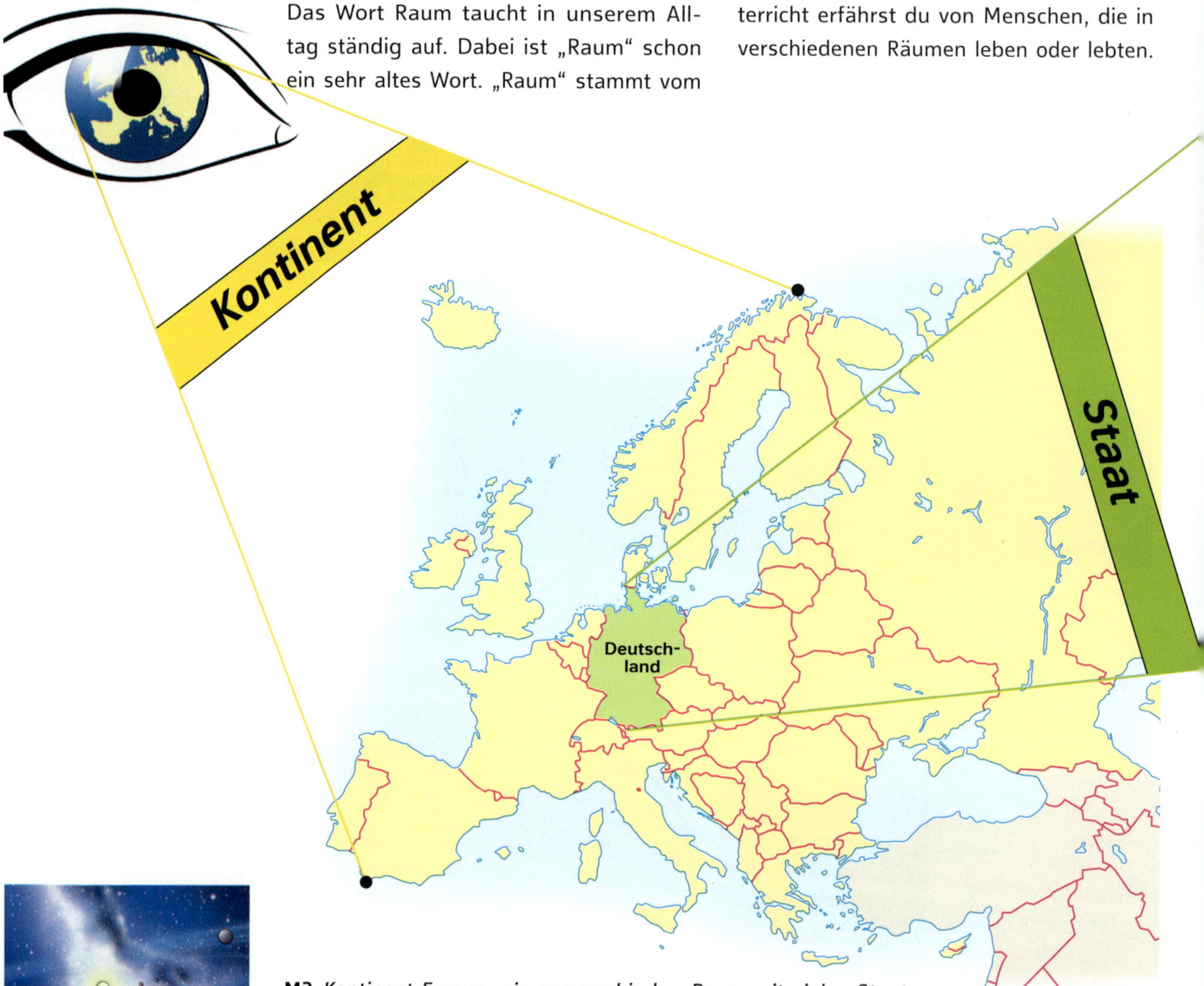

M2 *Kontinent Europa, ein geographischer Raum mit vielen Staaten*

M1 *Der Weltraum: Das Universum ist eine nicht fest eingegrenzte, unendliche Ausdehnung von Planeten, Sonnen und Milchstraßen.*

Raumausschnitte und Kartenbilder

Der geographische Raum ist die Oberfläche unserer Erde und spielt eine wichtige Rolle in unserem Fach Geographie. Karten in Atlas und Schulbuch bilden Raumausschnitte der Erdoberfläche in unterschiedlichen Größen ab. Karten zeigen auch die Lage von Orten und veranschaulichen Entfernungen.

Die Kartenausschnitte zeigen zum Beispiel die Lage und Verteilung von Kontinenten, Staaten, Bundesländern oder Orten auf der Erdoberfläche. Im Mittelpunkt steht dabei der geographische Raum, in dem du selbst lebst. Wie du siehst, ist Deutschland ein Staat Europas. Er ist in viele Bundesländer aufgeteilt. Eines davon ist Sachsen-Anhalt.

M5 *Raum in der Architektur: ein Klassenraum. Er ist ein großes Zimmer, ein umschlossener Raum und Teil eines Gebäudes.*

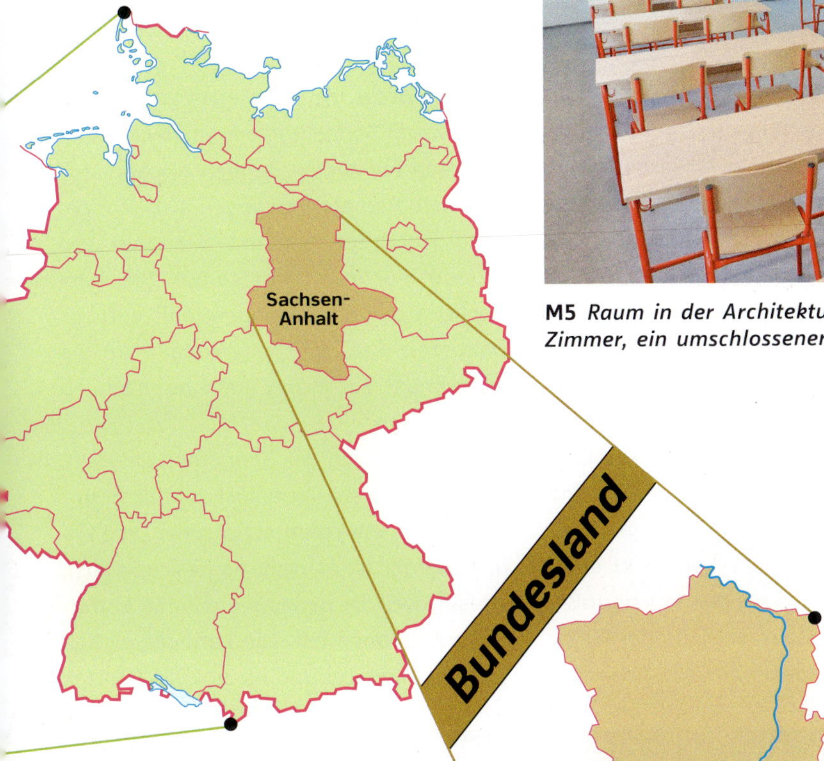

M3 *Deutschland*

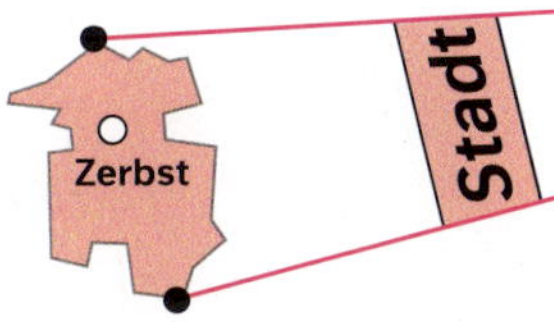

M4 *Zerbst, ein Ort in Sachsen-Anhalt*

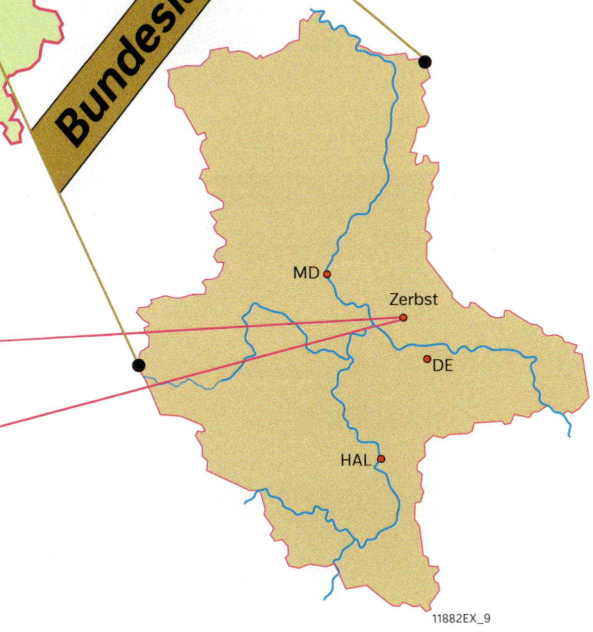

M6 *Sachsen-Anhalt, unser Bundesland*

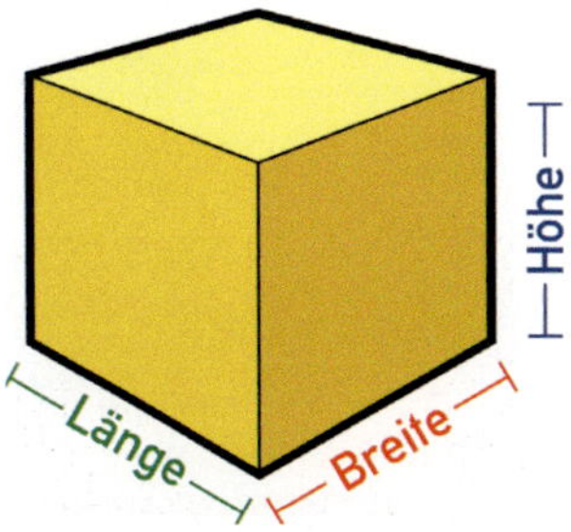

M7 *Der Raum als Volumen: Dieser Raumbegriff stellt eine durch Länge, Breite, Höhe fest eingegrenzte Ausdehnung dar.*

1. Verfolge den Blick auf Räume der Erde von M1 bis M6. Erläutere Unterschiede in ihrer Ausdehnung.
2. Ordne deinen Heimatort in die Räume ein. Ergänze den Satz „Ich lebe auf der Erde, auf dem … .“

Mein → **M**erkur, *Vater* → **V**enus, *erklärt* → **E**rde, *mir* → **M**ars, *jeden* → **J**upiter, *Sonntag* → **S**aturn, *unsere* → **U**ranus, *Nachbarplaneten.* → **N**eptun

M1 *Merkspruch für die Reihenfolge der Planeten von der Sonne aus gesehen*

Sterne und Galaxien

Wenn du in den klaren Nachthimmel schaust, siehst du viele Milliarden Sterne. Ihr Licht können wir über große Entfernungen sehen. Sterne haben eine eigene Leuchtkraft. Sie werden auch Fixsterne genannt.

Sterne sind nicht gleichmäßig im Weltall verteilt, sondern in Sternhaufen, sogenannten Galaxien, angeordnet. Die Galaxie, in der wir leben, wird Milchstraße genannt. Sie ist eine von mehr als hundert Milliarden Galaxien im Weltall. Unsere Sonne ist einer der unzähligen Sterne der Milchstraße. Unser Sonnensystem ist eines der vielen Sonnensysteme dieser Galaxie.

Planet Erde im Sonnensystem

In unserem Sonnensystem umkreisen acht Planeten auf festen Bahnen die Sonne. Um viele Planeten bewegen sich Monde, auch Trabanten genannt. Planeten und Monde leuchten nicht selbst. Sie werden von der Sonne angestrahlt und reflektieren das Licht ins Weltall. Um die Erde kreist ein Mond auf einer stabilen Umlaufbahn.

Die Erde ist, von der Sonne aus gesehen, der dritte Planet. Vermutlich gibt es in unserem Sonnensystem nur auf der Erde Leben. Auf ihr ist es nicht zu heiß und nicht zu kalt, weil sie genau die richtige Entfernung zur Sonne hat. Die Lufthülle enthält genug Sauerstoff und es gibt viel Wasser.

M2 *Die Sonne und die acht Planeten unseres Sonnensystems in der richtigen Reihenfolge und im richtigen Größenverhältnis*

1. Nenne mithilfe eines Merkspruchs (M1) die Reihenfolge der Planeten, die um die Sonne kreisen (M2).
2. Erläutere, weshalb auf unserem Planeten Leben möglich ist.
3. Informiere dich über die Erforschung des Weltraumes.
4. Begründe, weshalb die Erde geschützt werden muss. Nutze dazu die Videobotschaft (M4).

100800-323
schueler.diercke.de

M3 *Astronaut Alexander Gerst betrachtet die Erde von der ISS aus – mit dabei Maus und Elefant.*

M5 *Tausende Satelliten umkreisen die Erde (Fotomontage).*

Die Erforschung des Weltraums

Schon seit Jahrtausenden versuchen die Menschen, den Weltraum zu erforschen. Mit dem Start des ersten künstlichen Erdsatelliten „Sputnik 1“ im Oktober 1957 begann die unbemannte Raumfahrt. Sputnik 1 verglühte nach 92 Tagen Arbeit beim Wiedereintritt in die Erdatmosphäre. Heute fliegen Raumsonden zu anderen Planeten oder Monden. Satelliten erkunden auf verschiedenen Umlaufbahnen unsere Erde.
Die bemannte Raumfahrt begann mit dem ersten Weltraumflug des sowjetischen Kosmonauten Juri Gagarin. Er umrundete im April 1961 in 108 Minuten einmal die Erde. Ihm folgten auch deutsche Astronauten ins Weltall. So flog der Astronaut Alexander Gerst von Juni bis Dezember 2018 zum zweiten Mal zur Weltraumstation ISS. Dort übernahm er für drei Monate als erster Deutscher auch die Leitung der ISS und des Forschungsprogramms.
Ergebnisse der Erforschung des Weltraums haben Einzug in unseren Alltag gehalten. Dazu gehören beispielsweise das Satellitenfernsehen, der Klettverschluss oder Navigationssysteme.

Der Kosmonaut Juri Gagarin meldete per Funk aus dem Weltall: „Ich sehe eine wunderschöne blauweiße Kugel.“ (1962)

Liebe Enkelkinder,
ihr seid noch nicht auf der Welt und ich weiß noch nicht, ob ich euch jemals treffen werde. Ich befinde mich gerade auf der internationalen Raumstation und schaue auf unseren wunderschönen Planeten runter. Und obwohl ich bis jetzt schon fast ein Jahr im All verbracht habe und an jedem einzelnen Tag unsere Erde sehe, kann ich mich einfach nicht daran sattsehen. Und wenn ich so auf den Planeten blicke, dann denke ich, dass ich mich bei euch wohl entschuldigen muss. Im Moment sieht es so aus, als ob wir, meine Generation, euch den Planeten nicht gerade im besten Zustand hinterlassen werden. Ich bin mir sicher, dass ihr die Dinge sehr viel besser versteht als meine Generation und wer weiß, vielleicht lernen wir ja auch noch etwas dazu. Ein Blick von außen hilft dabei, zu erkennen, dass dieses zerbrechliche Raumschiff Erde sehr viel kleiner ist, als die meisten Menschen sich das vorstellen können.

M4 *Auszug aus einer Videobotschaft von Alexander Gerst (verändert)*

www.youtube.com (→ Nachricht an meine Enkelkinder)

M1 *Nikolaus Kopernikus (Denkmal in seiner Heimatstadt Thorn, heute Toruń, Polen)*

Die Erforschung des Weltraums

M2 *Weltbild des Thales von Milet*

Das Weltbild verändert sich

Vor mehreren Tausend Jahren glaubten die Menschen, die Erde sei eine Scheibe. Der griechische Naturforscher Thales von Milet (etwa 624 – 546 v. Chr.) vertrat die Ansicht, dass die Erdscheibe auf dem Ozean schwimmt wie ein Stück Holz. Darunter sei die Unterwelt mit schrecklichen Ungeheuern und darüber die Himmelskugel, auch Firmament genannt. Diese Vorstellung von der Erde hatten auch im Mittelalter (500 – 1500 n. Chr.) noch viele Menschen.
Der griechische Wissenschaftler Claudius Ptolemäus (etwa 100 – 175 n. Chr.) beobachtete sich nähernde Schiffe und schloss daraus, dass die Erde eine Kugel ist. Er glaubte allerdings, dass die Erde der Mittelpunkt des Weltalls sei, um den alle anderen Himmelskörper kreisen.

Die Sonne steht im Mittelpunkt

Im Jahr 1514 vertrat der Gelehrte Nikolaus Kopernikus die Auffassung, dass die Sonne im Mittelpunkt stehe. Die Erde drehe sich wie alle anderen Planeten um die Sonne. Diese Vermutung konnte der italienische Wissenschaftler Galileo Galilei Anfang des 17. Jahrhunderts beweisen.

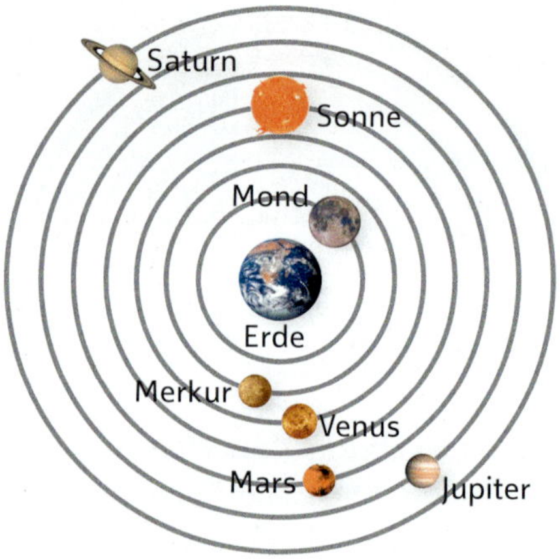

M4 *Weltbild des Claudius Ptolemäus*

Die Erde ist eine Kugel

Die Kugelgestalt der Erde wurde bereits durch die Weltumsegelung des Portugiesen Fernando Magellan (1519 – 1522) bewiesen. Heute wissen wir auch durch die Raumfahrt und Satellitenfotos, dass die Erde ungefähr die Form einer Kugel hat.

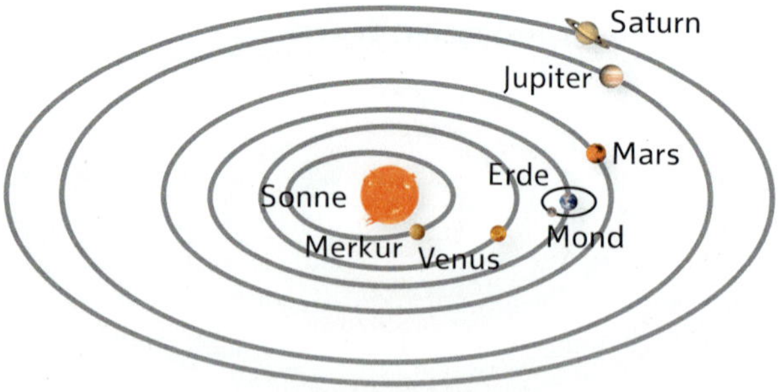

M3 *Weltbild des Nikolaus Kopernikus*

1. Erkläre, weshalb die Menschen im Mittelalter Angst hatten, weit auf das Meer hinauszufahren.
2. Vergleiche die drei Weltbilder.
3. Beschreibe einen Globus. Nutze dabei die Begriffe Erdachse, Nordpol, Südpol, Äquator, Nordhalbkugel, Südhalbkugel, Festland, Meer.

M5 *Der älteste erhaltene Globus von Behaim*

M7 *Globus – ein Modell der Erde*

M9 *Stark überhöhte Darstellung der Erde*

Der Globus – die Erdkugel im Klassenzimmer

Die Erde wird schon seit der Antike als Globus dargestellt. Das Wort Globus kommt aus dem Lateinischen und bedeutet Kugel. Der älteste noch erhaltene Globus ist der sogenannte Erdapfel von Martin Behaim aus dem Jahre 1493 (M5). Der Globus ist ein stark vereinfachtes Modell unseres Heimatplaneten (M6). Schau dir doch einmal genauer den Globus an. Du erkennst darauf die Verteilung und Ausdehnung des Festlandes und der Meere auf unserer Erde.

Auch die beiden Pole **Nordpol** und **Südpol** sind gekennzeichnet. Sie sind durch einen Stab verbunden. Dieser stellt die schräggestellte Erdachse dar. Der **Äquator** teilt die Erde in zwei Halbkugeln, in die Nord- und Südhalbkugel. Er ist rund 4000 Kilometer lang. Wenn du jeden Tag 30 Kilometer laufen würdest, dann hättest du in ca. 1335 Tagen (das sind mehr als 3,5 Jahre) die Erde umrundet.

Die Frage wird immer wieder gestellt: Ist die Gestalt der Erde wirklich eine Kugel? Durch die Erddrehung und die unterschiedliche Verteilung der Massen wird die Erde verformt. Sie hat daher eher die Gestalt einer Kartoffel mit leichten Dellen (M9). Deshalb wird auch von einer kugelähnlichen Gestalt der Erde gesprochen.

www.klexikon.de
(→ Globus)

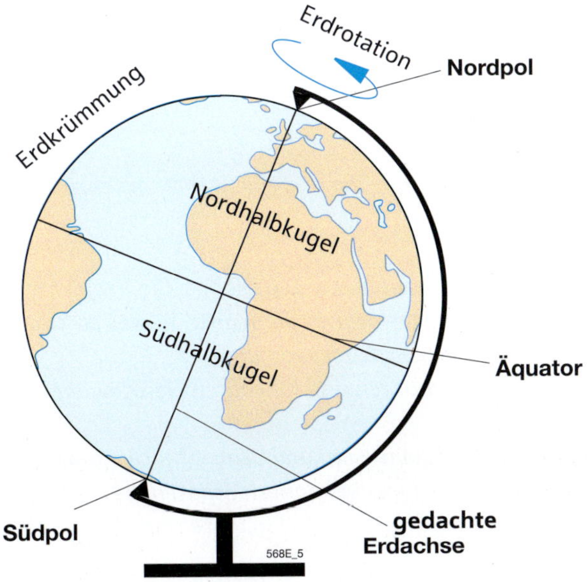

M6 *Der Globus – verkleinertes Modell der Erde*

M8 *Der begehbare Globus in Schloss Gottorf bei Schleswig*

M1 *Tag und Nacht auf der Erde*

M2 *Schüler stellen Tag und Nacht nach.*

Entstehung von Tag und Nacht

„Im Osten geht die Sonne auf, im Süden nimmt sie ihren Lauf, im Westen wird sie untergehen, im Norden ist sie nie zu sehen."

Die Erde dreht sich in 24 Stunden einmal um die eigene Achse. Diese Bewegung bezeichnet man als **Erdrotation**.

Dabei wird immer nur die eine Hälfte der Erde von der Sonne beschienen. Dort ist dann Tag. Auf der von der Sonne abgewandten Seite ist Nacht. Auf der Erde haben wir den Eindruck, dass sich die Sonne über den Himmel bewegt. In Wirklichkeit bewegt sich aber die Erde von West nach Ost. Deshalb sehen wir die Sonne im Osten aufgehen und im Westen untergehen.

www.youtube.com (→ Entstehung von Tag und Nacht)

Material:
- einen Globus als Erde
- eine Lichtquelle

1. Stellt den Globus auf den Tisch. Markiert die Stelle, wo Deutschland liegt, mit einem Klebepunkt. Verdunkelt den Raum und beleuchtet den Globus mit einer Lichtquelle.
2. Dreht den Globus von West nach Ost. Beobachtet und beschreibt, wie sich die hellen und dunklen Bereiche auf dem Globus verändern.
3. Haltet den Globus ab und zu an und ermittelt, wo gerade Tag oder Nacht bzw. Sonnenaufgang oder Sonnenuntergang ist.
4. Fertigt ein Beobachtungsprotokoll an.

M4 *Experiment – Entstehung von Tag und Nacht*

Experiment: *Entstehung von Tag und Nacht*
Mit einfachen Mitteln haben wir den Wechsel von Tag und Nacht im Klassenzimmer nachvollzogen.

Hier unsere Beschreibung:
Als verkleinertes Modell unserer Erde verwendeten wir den Globus. Ein Projektor übernahm die Rolle der Sonne. Am schwierigsten war es dann aber, beides so auszurichten, dass tatsächlich eine Hälfte der Erdkugel von unserer „Sonne" beschienen wurde. Durch einen höhenverstellbaren und fahrbaren Gerätewagen konnten wir Abstand und Höhe anpassen.
Dann drehten wir den Globus gegen den Uhrzeigersinn und beobachteten, auf welchen Kontinenten, in welchen Ländern und uns bekannten Städten die Menschen schlafen, während wir in der Schule lernen. Das machte richtig Spaß. Versucht es auch einmal.

M3 *Auszug aus dem Beobachtungsprotokoll*

Entstehung der Jahreszeiten

Die Erde führt neben der Erdrotation noch eine zweite Bewegung durch: Sie umkreist innerhalb eines Jahres einmal die Sonne. Dabei ist die Erdachse gegenüber der Umlaufbahnebene um 23,5° geneigt. Die Richtung der Neigung behält die Erde bei der Umkreisung bei. Daher ist die Nordhalbkugel im Sommer immer der Sonne zugewandt und wird stärker von ihr beschienen. Im Winter ist die Nordhalbkugel von der Sonne abgewandt. Dann wird die Südhalbkugel stärker beschienen. Während bei uns Winter ist, ist auf der Südhalbkugel Sommer.

Frühling und Herbst sind die Übergänge zwischen diesen Stellungen. Dann werden die Halbkugeln von der Sonne gleichmäßig beschienen.

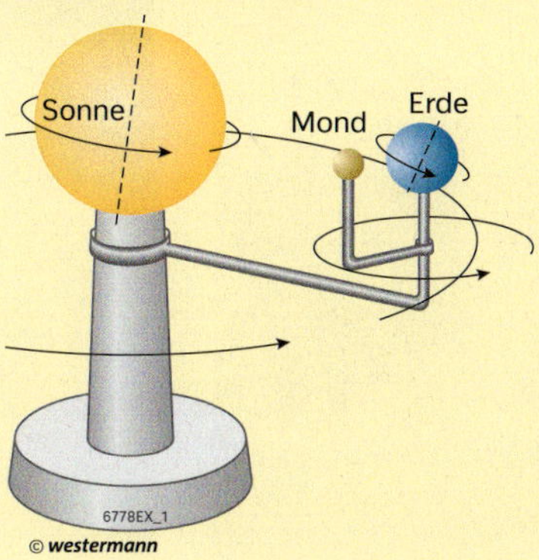

Ein Tellurium ist ein „Sonne-Erde-Mond-Modell“.
Die Himmelskörper Erde und Mond bewegen sich über einen Hebelarm um ein festes beleuchtetes Zentrum. Es stellt die Sonne dar.
Du kannst drei unterschiedliche Drehbewegungen beobachten.
Die Erde dreht sich in 24 Stunden einmal um die eigene Achse.
Die Erde umkreist innerhalb eines Jahres einmal die Sonne.
Der Mond umkreist die Erde in knapp einem Monat.

M6 *Tellurium – Modell zur Veranschaulichung der Rotation und Revolution der Erde*

M5 *Das Gsiesertal im Juni ...*

M7 *... und im Februar*

1. Beschreibe deinen Tagesablauf. Erkläre, wie er durch den Wechsel von Tag und Nacht beeinflusst wird.
2. Führt ein Experiment zur Entstehung von Tag und Nacht durch. Nutzt dazu Globus und Tageslichtprojektor.
3. Vergleiche die beiden Fotos M5 und M7. Erkläre, wie es zu diesen Unterschieden kommt.
4. Stelle mithilfe eines Telluriums die Drehbewegungen der Erde und des Mondes dar. Nenne die jeweiligen Folgen.

M1 *Aborigines in Australien orientierten sich traditionell in der Landschaft, z. B. mithilfe einer „Songline“, einer Geschichte aus Geländepunkten.*

M3 *Orientieren mit einem Navigationssystem: Verbindung des Smartphones mit Satelliten*

M2 *Kompass im Smartphone:*
Er zeigt dir die Himmelsrichtung, in die du das Smartphone hältst, mit genauer Gradzahl an.

Der Mensch orientiert sich

Seit Beginn der Menschheit versuchen die Menschen, sich auf der Erde zu orientieren. Orientieren heißt, sich in der Umgebung zurechtzufinden und bestimmte Orte erreichen zu können.

Wer sich orientieren konnte, fand günstige Gebiete, in denen keine Gefahr drohte und wo es genug Nahrung gab. Das sicherte das Überleben.

In vielen Kulturen war die Orientierung an bestimmte Landmarken (Berge, Hügel, Flüsse, Seen, ...) gebunden.

Erst viel später entdeckten die Menschen die Möglichkeit, sich mithilfe der Sterne zu orientieren. Und seit ungefähr 1000 Jahren wird der Kompass als Hilfsmittel genutzt.

Orientierung heute

Heute helfen uns Karten bei der Orientierung. Es gibt sie für unterschiedliche Verwendungen. Du kennst sicher spezielle Wanderkarten oder Stadtpläne. Aber auch ein Grundriss deiner Schule kann dir helfen, das richtige Klassenzimmer zu finden. Flugzeuge, Schiffe und die meisten Autos sind heutzutage mit einem Navigationssystem, dem GPS (Global Positioning System), ausgestattet. Damit kann man den eigenen Standort überall auf der Welt bestimmen. Das GPS nutzt dazu ein erdumspannendes Netz von 24 Satelliten. Durch deren Signale kann das GPS-Gerät seine eigene geographische Lage auf der Erde bis auf wenige Meter genau berechnen und angeben.

1. Bestimme die Himmelsrichtungen der roten Pfeile:

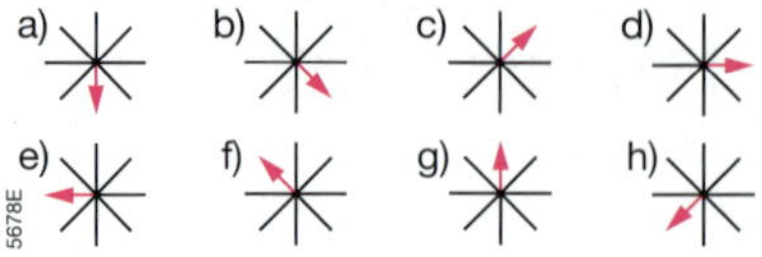

2. Erkläre, weshalb eine gute Orientierung wichtig ist.

3. Nenne Hilfsmittel, mit denen du dich in der Landschaft orientieren kannst.

So gehst du vor

1. **Thema formulieren**
Formuliere ein Thema, zu dem du eine Collage erarbeiten willst.

2. **Material beschaffen und bearbeiten**
Sammle Materialien zum Thema. Informationen und Fotos findest du in Zeitungen, Zeitschriften, Büchern oder im Internet. Schneide sie aus oder fertige Kopien an. Besorge dir einen großen Bogen Karton oder Tapete.

3. **Collage gestalten**
Schreibe eine Überschrift groß und deutlich auf den Untergrund oder gestalte Einzelbuchstaben. Ordne die Materialien sachlich sinnvoll und optisch ansprechend an. Klebe sie auf.

4. **Collage präsentieren**
Schreibe deinen Namen auf die Collage. Präsentiere sie deinen Mitschülern.

Collage
(franz.: coller = leimen, kleben)
Collagen sind Präsentationen. Papiercollagen werden vor allem aus Bildern, Texten, Skizzen, Zeitungsausschnitten zusammengeklebt. Collagen können auch digital erstellt werden.

https://de.wikihow.com/Eine-Collage-machen

M4 *Schülerarbeit: Collage über die feucht-heiße Zone*

1. Unsere Erde ist ein unruhiger Planet. Nenne Beispiele.

2. Ermittle aus der Weltkarte M2 Regionen, die 2019 besonders von Naturkatastrophen betroffen waren.

3. Gestalte eine Collage zur
   - Lebensweise der Menschen in einer ausgewählten Zone oder
   - zu einer Naturkatastrophe, die sich aktuell ereignet hat.

   Gehe nach der Schrittfolge vor.

1. Domino

Lies den Text auf der rechten Seite der Dominosteine und suche, welches Bild von einem anderen Dominostein dazu passt. Notiere das Lösungswort aus der richtigen Buchstabenreihenfolge.

K
Start
Satelliten nehmen diese Bilder auf.

N

Um Entfernungen in der Karte zu messen, wird die Maßstabsleiste genutzt.

T

Hat eine Karte ein bestimmtes Thema, heißt sie thematische Karte.

S

Um ihn zu finden, musst du die hintere Achse des Großen Wagens fünfmal verlängern.

E
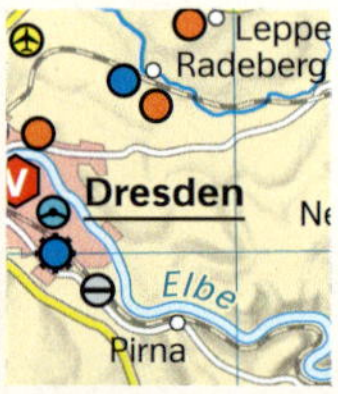

Mit dem Kompass kannst du dich draußen in der Natur orientieren.

S

Ende

R

Die Signaturen der Karte sind in der Legende erklärt.

A

Physische Karten zeigen die Beschaffenheit der Erdoberfläche.

A
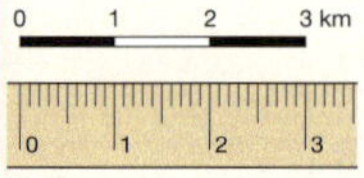

Er ist das verkleinerte Abbild der Erde.

2. Wahrheit oder Lüge

Entscheide, ob die folgenden Aussagen richtig oder falsch sind. Berichtige die falschen Aussagen.

1. Die Hälfte der Erdoberfläche ist mit Wasser bedeckt.
2. Die größeren Wasserflächen befinden sich auf der Nordhalbkugel.
3. Von Antarktika aus liegen alle Kontinente im Norden.
4. Europa ist der größte Kontinent der Erde, Australien der kleinste.
5. Der Atlas ist eine Kartensammlung aus physischen und thematischen Karten.
6. Thematische Karten zeigen die Beschaffenheit der Erdoberfläche.
7. Die Signaturen dienen zum Entschlüsseln einer Karte.
8. Die Signaturen werden in der Karte erläutert.
9. Der Äquator teilt die Erde in eine nördliche und in eine westliche Halbkugel.

3. Kontinent-Puzzle

Benenne die sieben Kontinente. Beschreibe ihre Lage unter Nutzung der Himmelsrichtungen und der Namen der Ozeane.

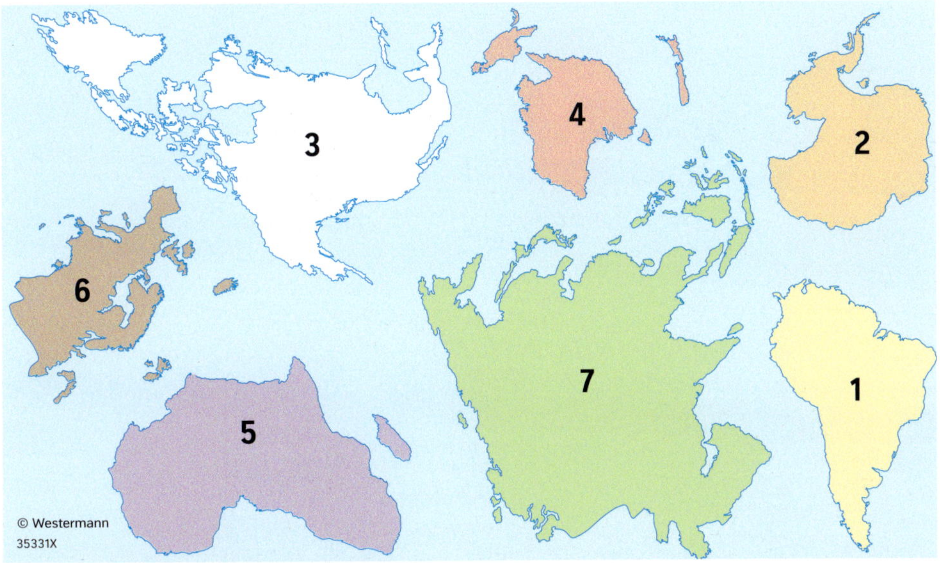

Kompetenz-Check

Hier sind die Kompetenzen aufgeführt, die du in diesem Kapitel erwerben konntest. Schätze deinen erreichten Stand der Kompetenzentwicklung selbst ein:

☺ sehr gut ☺ gut 😐 befriedigend ☹ mangelhaft

Ich kann ...	sehr gut	gut	befriedigend	mangelhaft	Noch unsicher? Schlage nach auf S. ...
... Aufgaben und Arbeitsmittel des neuen Unterrichtsfaches Geographie nennen.					8–11
... die Kugelgestalt der Erde beschreiben.					14–15
... mithilfe des Globus die Drehungen der Erde um sich selbst und um die Sonne darstellen und die Folgen für die Beleuchtung auf der Erde aufzeigen.					16–17
... Hilfsmittel zur Orientierung auf der Erde und im Gelände nennen und deren Anwendung beschreiben.					18–19
... den Aufbau meines Atlas beschreiben und geographische Objekte in ihm auffinden.					20–21
... die Lage der Kontinente und Ozeane mithilfe der Angabe von Himmelsrichtungen beschreiben.					22
... Gebirge und Tiefländer sowie Rekorde der Erde nennen, im Atlas auffinden und ihre Lage beschreiben.					23
... das Leben der Menschen in unterschiedlichen Zonen der Erde beschreiben und vergleichen.					24–27
... aktuelle Naturereignisse nennen und ihre Folgen beschreiben.					28
... eine Collage zu einem Thema gestalten.					29

2 Orientierung in Deutschland

Bundesrepublik Deutschland	34
Hauptstadt Berlin	38
GeoMethode: Einen Stadtplan lesen	41
Natur- und wirtschaftsräumliche Gliederung	42
GeoMethode: Eine physische Karte lesen	46
GeoMethode: Eine Kartenskizze anfertigen	47
GeoMethode: Eine thematische Karte lesen	49
Sachsen-Anhalt	50
GeoMethode: Eine Mental Map anfertigen	52
GeoKompetenzen	53

In diesem Kapitel erwirbst du folgende Kompetenzen und wendest diese an:

- die 16 Bundesländer nennen und ihre Lage beschreiben,
- die Merkmale der Hauptstadt Berlin erläutern und mit einem Stadtplan arbeiten,
- die Oberflächenformen und das Gewässernetz Deutschlands analysieren,
- Wirtschaftsgebiete nennen und ihre Lage beschreiben,
- physische und thematische Karten lesen und eine Kartenskizze anfertigen, geographische Objekte in Kartenskizzen benennen.

M1 *Berlin – Hauptstadt Deutschlands*

M1 *Nationalflaggen*

Deutschland und seine Nachbarn

Deutschland liegt annähernd in der Mitte von Europa. Insgesamt grenzen neun Länder direkt an Deutschland, es hat also neun Nachbarländer. Von Schweden, Finnland und den baltischen Staaten trennt uns die Ostsee, von Großbritannien die Nordsee. Diese Staaten zählt man daher nicht zu Deutschlands direkten Nachbarn. Jedes Nachbarland hat wie Deutschland auch eine eigene Nationalflagge und ein eigenes Nationalkennzeichen. Einige davon wirst du im Geographieunterricht kennenlernen.

M2 *Toms Fotosammlung zu Deutschlands Nachbarn*

Viele Länder, viele Eindrücke

Tom hat bisher nur selten Urlaub außerhalb von Deutschland gemacht. Da es ihn aber interessiert, wie es bei unseren Nachbarn so aussieht, hatte er eine Idee. Er bat alle Mitglieder aus seiner Familie und viele Bekannte, ihm von ihren Reisen in Deutschlands Nachbarländer Fotos zu schicken.

Es hat zwar eine ganze Zeit gedauert, aber mittlerweile hat Tom Fotos aus den Hauptstädten aller angrenzenden Staaten bekommen. Für dich hat er sie einmal alle zusammengestellt.

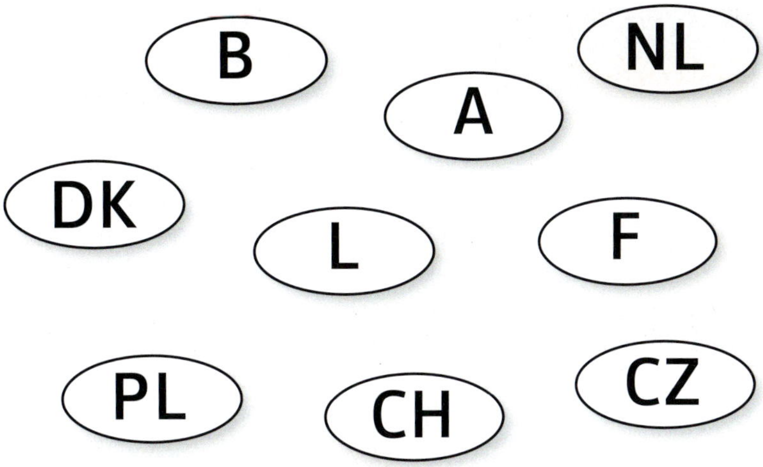

M3 *Nationalkennzeichen*

Land	Fläche in km²	Einwohner in Mio. (2019)
Deutschland	357 114	83,5
Dänemark	43 100	5,8
Polen	312 700	38,0
Tschechien	78 900	10,6
Österreich	83 900	8,9
Schweiz	41 300	8,5
Frankreich	544 000	67,5
Luxemburg	2 600	0,6
Belgien	32 500	11,5
Niederlande	41 500	17,3

M4 *Deutschland und seine Nachbarländer*

1. Benenne mithilfe von M2 und des Atlas Deutschlands Nachbarländer.
2. Nenne die drei flächengrößten und drei flächenkleinsten Nachbarländer (M4).
3. Ordne die Flaggen (M1) und Nationalkennzeichen (M3) den Ländern in M2 zu.
4. Ermittle für eine gewählte Hauptstadt drei Sehenswürdigkeiten.

M1 *Flagge und Nationalkennzeichen*

Bundesländer Deutschlands

Die Bundesrepublik Deutschland (BRD) ist ein Staat mit einer Fläche von rund 357 000 km². Er umfasst 16 unterschiedlich große Bundesländer. Aus ihrer Gesamtheit bildet sich der Bundesstaat.

Jedes **Bundesland** hat eine eigene Landeshauptstadt und Landesregierung sowie ein eigenes Landeswappen.

Berlin ist gleichermaßen Bundesland, Landeshauptstadt und Hauptstadt der Bundesrepublik Deutschland. Hamburg und Bremen sind jeweils Bundesland und zugleich Landeshauptstadt.

Die meisten Menschen leben in Nordrhein-Westfalen, obwohl es nur das viertgrößte Bundesland ist.

M2 *Bundesländer*

Bundesland	Fläche in km²	Einwohner in Mio. (2018)
Baden-Württemberg	35 800	11,07
Bayern	70 600	13,08
Berlin	890	3,65
Brandenburg	29 500	2,51
Bremen	400	0,68
Hamburg	760	1,84
Hessen	21 100	6,27
Mecklenburg-Vorpommern	23 200	1,61
Niedersachsen	47 600	7,98
Nordrhein-Westfalen	34 100	17,93
Rheinland-Pfalz	19 800	4,09
Saarland	2 600	0,99
Sachsen	18 450	4,08
Sachsen-Anhalt	20 400	2,21
Schleswig-Holstein	15 800	2,90
Thüringen	16 200	2,10

M4 *Fläche und Einwohner*

Nationalhymne

Nationalwappen

3. Oktober: Nationalfeiertag

M3 *Bundesrepublik Deutschland*

1. Ordne die 16 Bundesländer nach ihrer Größe (M4).

2. Nenne die Nachbarbundesländer von Sachsen-Anhalt. Nutze dazu M2.

Regionale Unterschiede in Deutschland

In Deutschland leben über 83 Millionen Menschen (2019). Sie sind unterschiedlich auf die 16 Bundesländer verteilt (M4).

Gegenwärtig leben rund 16 Millionen Menschen ausländischer Herkunft in Deutschland.

In den Bundesländern gibt es viele verschiedene Regionen mit unterschiedlichen Gewohnheiten, Traditionen, regionalen Spezialitäten, Feiertagen und Sehenswürdigkeiten.

Wenn du mit deiner Familie in den Urlaub fährst, begegnen dir verschiedene Dialekte. Bei besonderen Anlässen tragen die Menschen in den verschiedenen Regionen unterschiedliche Trachten. Unterwegs kannst du auch verschiedene Spezialitäten kennenlernen (M7).

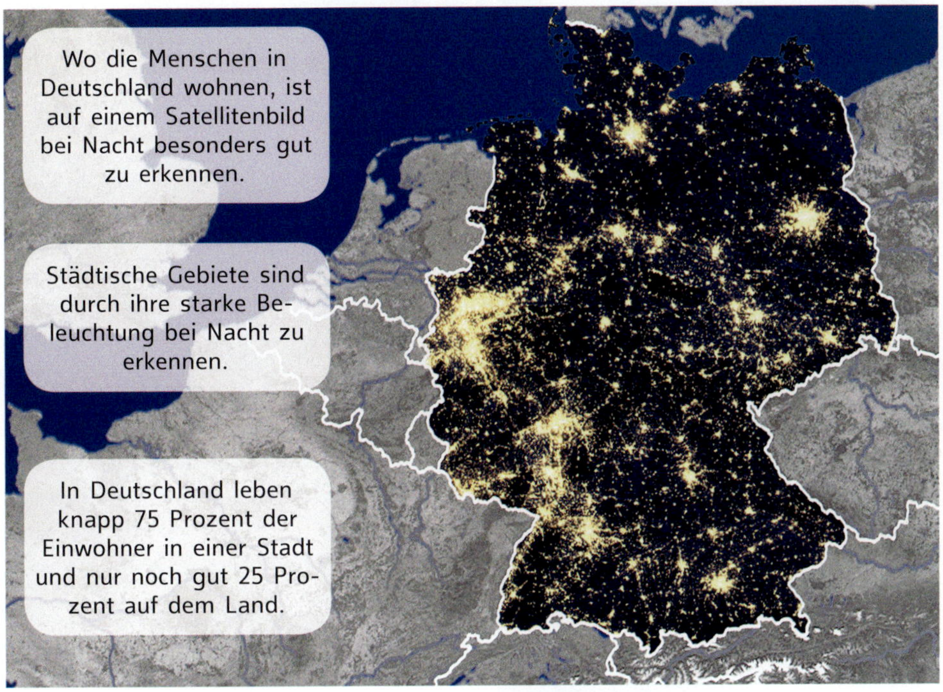

M5 ***Deutschland bei Nacht***

M7 ***Spezialitäten***

M6 ***Kulturelle Vielfalt in Deutschland***

3 Nenne die drei bevölkerungsreichsten Bundesländer (M4).

4 Beschreibe Unterschiede zwischen den Regionen Deutschlands.

M1 *Panorama von Berlin*

Hauptstadt mit vielen Aufgaben

Berlin ist Bundesland und Stadt zugleich. Mit einer Fläche von 892 km² ist Berlin die größte Stadt Deutschlands. Die Fläche ist größer als die der Städte München, Frankfurt und Stuttgart zusammen.

Berlin ist auch die bevölkerungsreichste Stadt Deutschlands. In 96 Stadtteilen leben etwa 3,7 Millionen Menschen.

Durch die Stadt fließen die Flüsse Spree und Havel. Umschlossen wird Berlin vom Bundesland Brandenburg.

Berlin erfüllt als **Hauptstadt** wichtige Funktionen (Info).Die Bedeutung der Stadt geht jedoch weit über die Grenzen Deutschlands hinaus.

Berlin als politisches Zentrum

Berlin ist Regierungssitz der Bundesrepublik Deutschland. Im Regierungsviertel haben der Bundeskanzler / die Bundeskanzlerin, der Deutsche Bundestag und verschiedene Ministerien ihren Sitz. Die Vertretungen der Bundesländer und Botschaften vieler anderer Länder befinden sich ebenfalls hier.

ⓘ Aufgaben einer Hauptstadt

Sie ist
- das politische Zentrum des Staates,
- ein wichtiges wirtschaftliches Zentrum,
- ein Verkehrsknotenpunkt,
- ein Kultur- und Bildungszentrum.

M2 *Reichstag – Sitz des Deutschen Bundestages*

Der Bodensee ist der größte See Deutschlands und der drittgrößte See in Mitteleuropa. Deshalb trägt er den Beinamen Schwäbisches Meer.
Er hat eine Uferlänge von 273 km, wovon rund zwei Drittel in Deutschland liegen. Seine tiefste Stelle beträgt 254 m.
Durch den Bodensee fließt der Rhein, der sauberes Schmelz- und Regenwasser aus den Alpen zuführt. Der See ist deshalb ein bedeutender Trinkwasserspeicher. Er sichert für rund vier Millionen Menschen die Wasserversorgung.
Tausende Touristen genießen die vielseitigen Wassersportmöglichkeiten, befahren den Bodenseeradweg oder besuchen die Blumeninsel Mainau.
Die Bodenseeregion ist das südlichste Obstanbaugebiet Deutschlands.

M4 *Der Bodensee – Deutschlands größter See*

Die Müritz ist ein See im Bundesland Mecklenburg-Vorpommern. Sie ist natürlich entstanden. Riesige Gletscher schürften während der letzten Eiszeit die Erdoberfläche aus. Es entstand ein Becken. Als das Eis taute, blieb das Schmelzwasser zurück. Durch Flüsse ist die Müritz mit anderen Seen verbunden.

M5 *Die Müritz*

Der Cospudener See, südlich von Leipzig gelegen, ist ein künstlich angelegter See. Bis in die 1990er-Jahre wurde dort Braunkohle im Tagebau gefördert. Heute ist er ein Wassersport- und Erholungsgebiet. In deiner Freizeit kannst du im Sommer an einem Surfkurs teilnehmen. In der Nähe liegt das Belantis-AbenteuerReich.

M6 *Der Cospudener See*

www.geiseltalsee.de
www.bodensee.de
www.leipzigseen.de

3. Nenne zwei Seen in Mecklenburg-Vorpommern. Beschreibe deren Entstehung.

4. Erkläre, weshalb es in Deutschland viele künstlich entstandene Seen gibt. Nenne drei.

Eine physische Karte lesen

Physische Karte
Sie zeigt dir unter anderem die Landhöhen, die Verbreitung der Oberflächenformen, den Verlauf von Flüssen, die Lage von Seen, von Orten und den Verlauf von Grenzen.

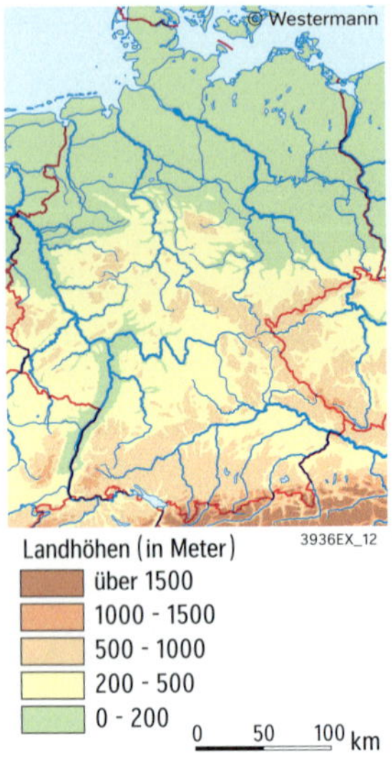

Von Höhenlinien, Höhenschichten und Entfernungen

In einer physischen Karte werden die Landhöhen und die Formen der Berge auf verschiedene Weise dargestellt. Die Höhenlinien verbinden Punkte, die in gleicher Höhe über dem Meeresspiegel liegen. Du erkennst, wie hoch das Gelände ist. Die Flächen zwischen zwei Höhenlinien werden farbig abgebildet. Mit zunehmender Höhe wechselt die Farbe von Grün über Gelb nach Braun.

Die höchsten Stellen werden durch einen Punkt oder ein kleines Dreieck gekennzeichnet. Oft ist die Höhenzahl danebengeschrieben. Alle Höhenangaben beziehen sich auf den Meeresspiegel (0 m). So bedeutet zum Beispiel die Zahl 678: Dieser Punkt liegt 678 m über dem Meeresspiegel (m ü. M.) beziehungsweise über Normalnull (m ü. NN).

Die physische Karte zeigt dir neben den Landhöhen auch den Verlauf der Flüsse und die Lage von Orten.

Alle Karten haben einen Maßstab. Mit seiner Hilfe können Entfernungen ermittelt werden. Die Angabe von 1 : 2000000 bedeutet, dass 1 cm in der Karte 2000000 cm (20 km) in der Natur entsprechen. Auch Maßstabsleiste und Lineal können zur Entfernungsbestimmung genutzt werden.

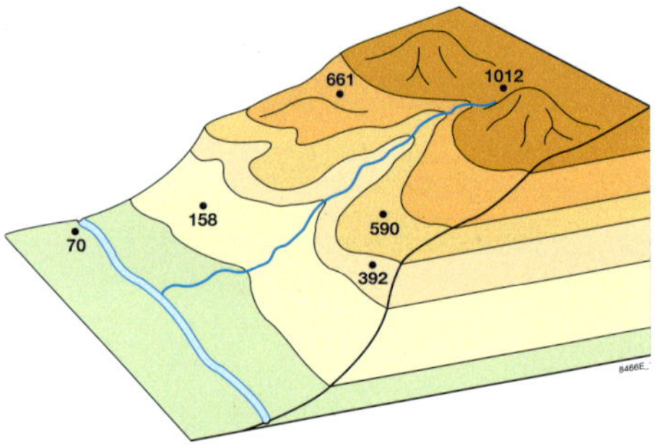

M2 *Höhendarstellung*

So gehst du vor

1. **Thema erfassen**
   Über- oder Unterschrift lesen
2. **Legende lesen**
   Kartensymbole und Farben entschlüsseln
3. **Karteninhalt beschreiben**
   Elemente benennen, ihre Verbreitung oder Häufigkeit beschreiben, auch Entfernungen messen

Das Kartoffelexperiment
Teile dazu eine Kartoffel in der Mitte, sodass die eine Hälfte einem Berg oder Fels gleicht. Zur besseren Markierung stecke noch eine Stecknadel von oben durch die Kartoffel. Schneide dann die Kartoffelhälfte in gleichdicke Scheiben. Trockne diese Scheiben auf Löschpapier. Lege die Scheiben dann nacheinander seitenrichtig (so wie sie in der unzerteilten Kartoffel lagen) auf ein Papier. Achte darauf, dass das Loch von der Stecknadel jeweils auf den gleichen Punkt auf dem Papier trifft. Zeichne die Linien nach, indem du mit der größten Kartoffelscheibe anfängst.

M1 *Lea verdeutlicht Höhenlinien und -schichten.*

1. Beschreibe, was eine physische Karte ist. Lies die physische Karte Deutschlands (Atlas, Schrittfolge).
2. Führe Entfernungsbestimmungen durch, z. B. Berlin – Köln, Magdeburg – Stendal, Halle – Brocken.

100800-016
schueler.diercke.de

So gehst du vor

1. Zeichne zuerst den groben Umriss des Raumes, zum Beispiel die Grenzen Deutschlands. Gerade Hilfslinien erleichtern die Arbeit.
2. Lege dann eine Auswahl von Gebirgen, Städten und Flüssen fest. Zeichne sie ein.
3. Beschrifte anschließend alle eingezeichneten Gebirge, Flüsse und Städte mit Zahlen oder mit Buchstaben.
4. Erstelle dann zu den Buchstaben und Zahlen eine Namensliste.
5. Durch Farben lassen sich die Eintragungen hervorheben: zum Beispiel Gebirge braun, Tiefland grün, Alpenvorland hellbraun und übriges Land gelb ausmalen; Städte als rote Punkte markieren usw.
6. Lege eine Legende an und gib der Skizze eine Unterschrift.

Kartenskizze
Sie stellt die Gegebenheiten eines Raumes vereinfacht dar. Durch die Verwendung von Symbolen und Farben können auch andere die Skizze lesen bzw. sich mit ihr im Raum orientieren.

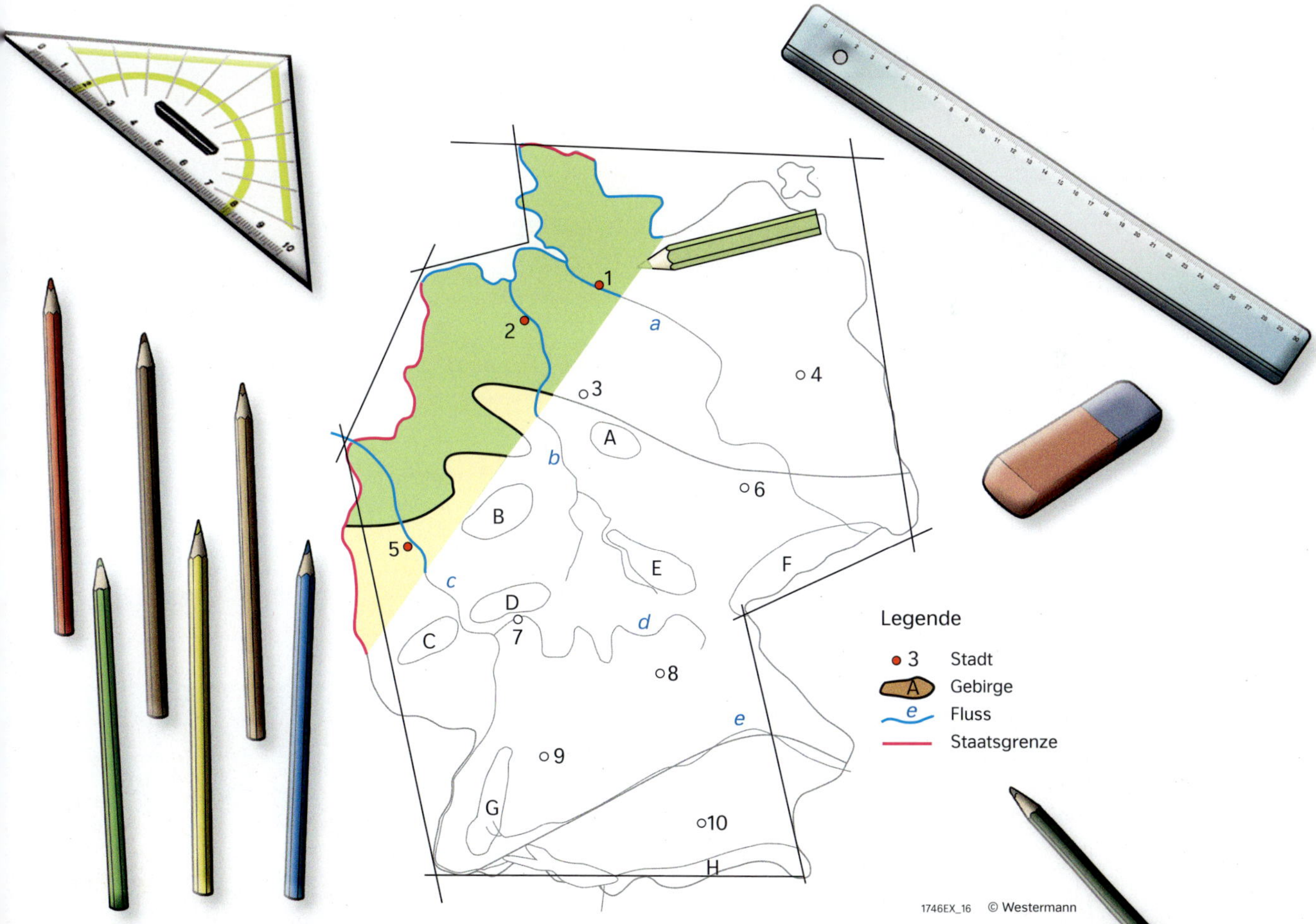

M3 ***Kartenskizze Deutschland – das brauchst du***

3 Fertige eine Kartenskizze zu Deutschland an.
Zeichne in die Skizze ein:
- Flüsse und Seen
- Mittel- und Hochgebirge
- Städte

Deutschlands Wirtschaftsräume

Die Karte M1 zeigt dir eine Gliederung Deutschlands nach seiner wirtschaftlichen Struktur. Dargestellt ist die Verbreitung der Industrie-, Agrar- und Erholungsgebiete. Du darfst dir aber nicht vorstellen, dass es zum Beispiel in einem Industriegebiet nur Industriebetriebe gibt oder in einem Agrargebiet nur Landwirtschaft betrieben wird. In jedem Gebiet sind meist alle drei Wirtschaftsbereiche (Industrie, Landwirtschaft und Erholung) vertreten, aber mit unterschiedlicher Bedeutung.

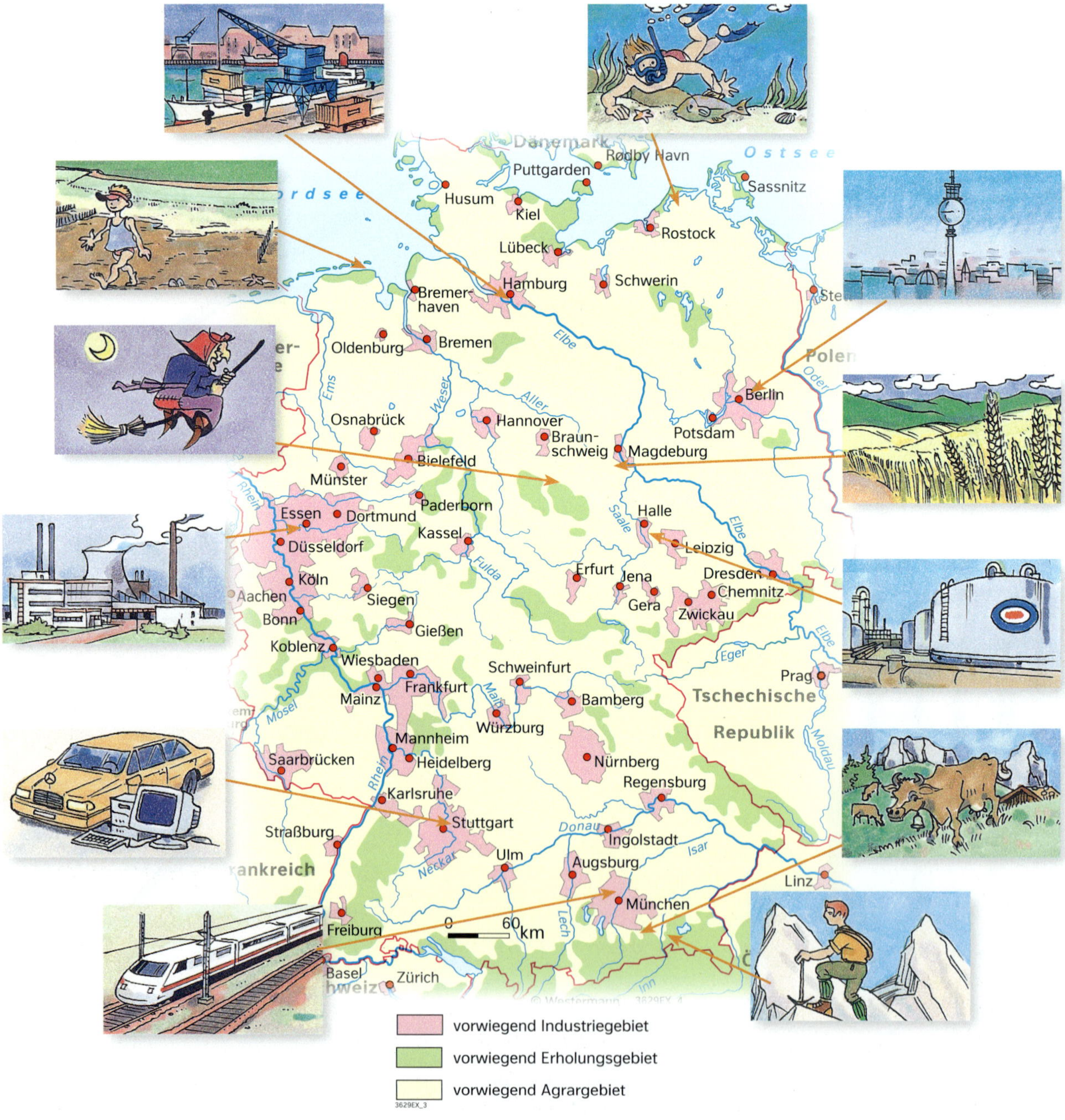

M1 *Industrie-, Agrar- und Erholungsgebiete*

So gehst du vor

1. Nenne das Thema der Karte und den Raum, der dargestellt ist.
2. Lies die Legende. Welche Signaturen und Farben werden wofür verwendet?
3. Beschreibe die Verteilung der Farben und Symbole.
4. Vergleiche mit einer physischen Karte oder einer anderen thematischen Karte. Stelle Zusammenhänge her.

Thematische Karte
Sie beinhaltet ein bestimmtes Thema für einen bestimmten Raum, z. B. zu Klima, Boden, Verteilung der Industrie- oder Agrargebiete, der Bevölkerungsverteilung oder der Verbreitung von Bodenschätzen.

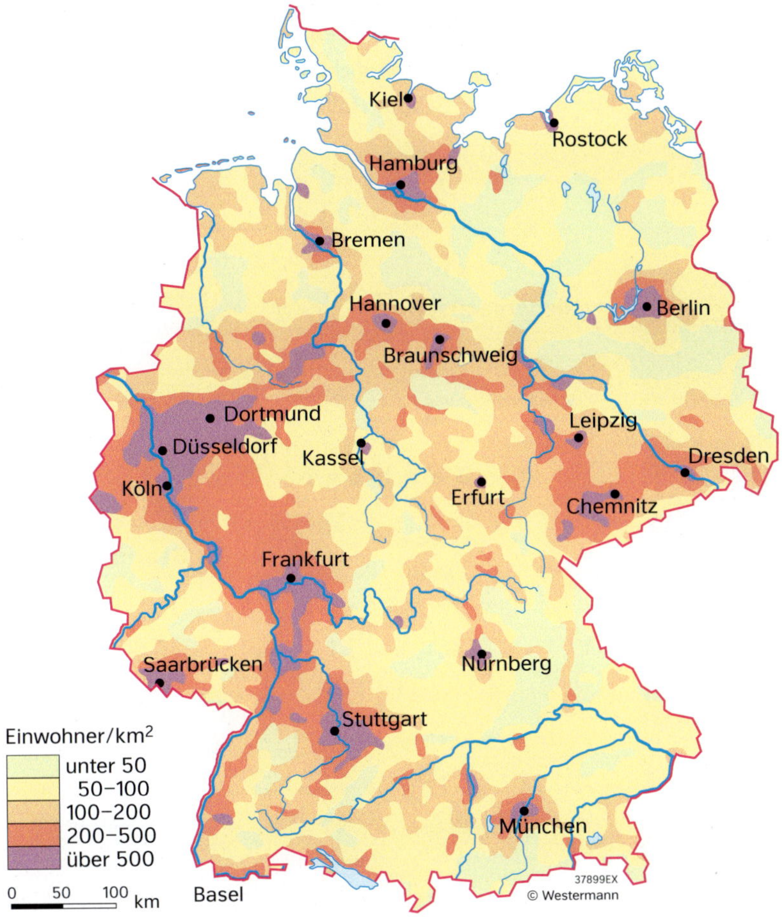

M2 *Bevölkerungsverteilung Deutschlands*

83,1 Mio. Einwohner
davon:
19,5 % in Ostdeutschland
80,5 % in Westdeutschland

23 % im ländlichen Raum
77 % in Städten
größte Städte:

Berlin	3,7 Mio. Ew.
Hamburg	1,9 Mio. Ew.
München	1,5 Mio. Ew.
Köln	1,1 Mio. Ew.

M3 *Bevölkerung Deutschlands (2019)*

1 Ordne die zwölf Bilder zur Karte auf S. 48 Industrie-, Agrar- und Erholungsgebieten zu.

2 Nenne Städte, die in Industriegebieten liegen.

3 Beschreibe die Karte zur Bevölkerungsverteilung Deutschlands. Nutze dazu die Schrittfolge.

4 Vergleiche M1 und M2.

M1 *Das Landeswappen*

Unser Bundesland

Sachsen-Anhalt ist ein Bundesland mit einer kurzen Geschichte. In seinen heutigen Umrissen entstand es erst im Jahre 1990 aus zwei Bezirken der ehemaligen DDR: Halle und Magdeburg. Ein Land Sachsen-Anhalt hatte davor schon einmal bestanden, jedoch nur für die kurze Zeit von 1947 – 1952. Das Gebiet des heutigen Sachsen-Anhalts ist seit dem 10. Jahrhundert ein Kerngebiet deutscher Geschichte. Bedeutende Persönlichkeiten wie der Komponist Georg Friedrich Händel, der Theologe Martin Luther und der Pädagoge August Hermann Francke haben hier gewirkt.

Die russische Zarin Katharina die Große stammte aus dem Hause der Fürsten von Anhalt. Ihr Geburtsort ist die Stadt Zerbst.

Unser Bundesland weist eine landschaftliche Vielfalt auf, die z.B. aus der Altmark, dem Drömling, der flachwellige Magdeburger Börde und dem Harz besteht. An der Elbe liegen bedeutende Naturschutzgebiete. Der nördliche Teil und große Gebiete des übrigen Landes sind wichtige Landwirtschaftsgebiete. Im Süden liegt der Verdichtungsraum des Landes um die Städte Halle, Merseburg und Bitterfeld.

M2 *Martin-Luther-Denkmal in Wittenberg*

M3 *Sachsen-Anhalt – Verwaltungsgliederung*

1. Beschreibe die Lage deines Heimatortes im Bundesland.
2. Berichte über Sehenswertes in Sachsen-Anhalt.

Wusstest du schon, dass ...
- die Teufelsmauer nördlich des Harzes das älteste Naturschutzgebiet Deutschlands ist?
- die Harzer Schmalspurbahn mit einem Streckennetz von 140 km die längste Schmalspurbahn Deutschlands ist?
- das Josephskreuz, ein Aussichtsturm auf dem Auerberg unweit von Stolberg, das größte eiserne Doppelkreuz der Welt ist (38 m hoch)?
- der Petersberg (250 m hoch) nördlich von Halle die höchste Erhebung entlang des gleichen Breitengrades bis zum Ural ist?
- das Europa-Rosarium in Sangerhausen die größte Rosensammlung der Welt besitzt?
- das Saale-Unstrut-Gebiet eines der nördlichsten Weinanbaugebiete Europas ist?
- in der Colbitz-Letzlinger Heide der größte Lindenwald Mitteleuropas liegt (220 Hektar)?
- zum Wasserstraßenkreuz Magdeburg die größte Trogbrücke Europas gehört (918 m lang)?
- die 3 600 Jahre alte „Himmelsscheibe von Nebra“ die erste wissenschaftlich konkrete Darstellung des Kosmos ist?
- in Sachsen-Anhalt viele Stätten des Weltkulturerbes liegen?

Fläche: 20 450 km^2
Einwohner: 2,21 Mio.
Magdeburg:
237 651 Ew.
Halle (Saale):
238 367 Ew.
höchster Berg:
Brocken/Harz
größter See:
Geiseltalsee
längster Flusslauf:
Elbe

M8 *Sachsen-Anhalt in Zahlen (2019)*

www.sachsen-anhalt.de

M4 *Himmelsscheibe von Nebra*

M6 *Der Arendsee – Perle der Altmark*

M5 *Landeshauptstadt Magdeburg*

M7 *Halle (Saale)*

Mental Map – was ist das?

Eine Mental Map ist die Zeichnung eines Raumes aus dem Gedächtnis. Beim Zeichnen der Mental Map ist die eigene Vorstellung von diesem Raum besonders wichtig. Alles, was man über diesen Raum weiß oder sich vorstellt, kann man in die Mental Map eintragen.
Mental Maps helfen dir bei der Erkundung eines Landes oder Gebietes im Geographieunterricht. Nach Abschluss der Behandlung im Unterricht solltest du dir deine Mental Map nochmals ansehen und herausfinden, was du dazugelernt hast.

So gehst du vor

1. Zeichne einen Umriss von dem Land oder Gebiet, so wie du ihn dir vorstellst.
   Sieh nicht in den Atlas, danach kannst du vergleichen.
2. Zeichne alles, was dir zu dem Land, dem Gebiet einfällt, in den Umriss ein. Nutze dazu Symbole, kleine Zeichnungen oder Wörter/Wortgruppen.

Fußball-Weltmeisterschaft 2022 in Katar

Schülerinnen und Schüler einer 5. Klasse in Doha haben im Englischunterricht Mental Maps von den Ländern angefertigt, die schon einmal Fußball-Weltmeister waren. M1 zeigt dir eine Mental Map von Deutschland.

M1 *Mental Map von Deutschland*

1. Fertige eine eigene Mental Map von Deutschland an.
2. Vergleiche sie mit der Mental Map M1 und denen deiner Mitschüler.

1. Bilder zuordnen

Ordne die Bilder den drei Großlandschaften zu. Begründe deine Entscheidung.

Ⓐ

Ⓑ

Ⓒ

2. Bilderrätsel Deutschland

Finde die Namen, die sich in den Rätseln verstecken.

A Hafenstadt an der Nordsee

D Längster Fluss

B Gebirge im Südwesten

E Höchster Berg

C Fluss in Süddeutschland

F Großer See im Süden

Kompetenz-Check

Hier sind die Kompetenzen aufgeführt, die du in diesem Kapitel erwerben konntest. Schätze deinen erreichten Stand der Kompetenzentwicklung selbst ein:

😀 sehr gut 🙂 gut 😐 befriedigend ☹ mangelhaft

Ich kann ...	😀	🙂	😐	☹	**Noch unsicher? Schlage nach auf S. ...**
... die Lage der Bundesrepublik Deutschland in Europa beschreiben.					34–35
... die 16 Bundesländer und ihre Hauptstädte nennen.					36–37
... die Hauptstadt Berlin als politisches, industrielles und kulturelles Zentrum sowie als Verkehrsknotenpunkt beschreiben.					38–40
... mich mithilfe eines Stadtplanes orientieren.					41
... die Abfolge der Oberflächenformen vom Tiefland über das Mittelgebirgsland zum Hochgebirge beschreiben.					42–43
... das Gewässernetz Deutschlands erläutern.					44–45
... physische und thematische Karten unter Beachtung verschiedener Farben und Signaturen lesen.					46, 49
... eine Karte skizzieren und geographische Objekte in ihr benennen.					47
... Merkmale meines Bundeslandes Sachsen-Anhalt erläutern.					50–51
... eine Mental Map anfertigen und mit anderen vergleichen.					52

3 Landschaften und ihre Nutzung

Das Norddeutsche Tiefland	56
Der deutsche Küstenraum	58
GeoMethode: Eine Profilskizze lesen und anfertigen	61
Das Wirken der Gezeiten	62
Urlaub an der Küste	64
GeoMethode: Ein Bild beschreiben	69
Mittelgebirgslandschaft	70
Formenvielfalt und Entstehung	72
Zusammenhänge in der Natur	76
Touristische Nutzung	78
GeoMethode: Einfache Zusammenhänge herstellen	83
Von der Quelle zur Mündung	84
Leben und Wirtschaften an der Elbe	86
GeoMethode: Einen Sachtext lesen	91
GeoKompetenzen	92

In diesem Kapitel erwirbst du folgende Kompetenzen und wendest diese an:

- verschiedene Landschaften des Norddeutschen Tieflandes nennen,
- Merkmale der Küsten- und Mittelgebirgslandschaft mithilfe von Bildern und Profilskizzen beschreiben,
- einfache Zusammenhänge in der Natur erklären,
- Möglichkeiten für Freizeit und Erholung in den Landschaften aufzeigen,
- über Vor- und Nachteile einer touristischen Nutzung diskutieren,
- den Verlauf von Flüssen beschreiben,
- das Leben und Wirtschaften entlang der Elbe analysieren, dabei einen Sachtext lesen.

M1 *Norderney – größte Insel der Westfriesischen Inseln*
M2 *Mittelgebirgslandschaft – Rhön, Thüringen*

M1 *Landschaften im Norddeutschen Tiefland*

Landschaft
Eine Landschaft ist ein Raum, der in seinen äußeren Merkmalen relativ einheitlich erscheint und sich damit von anderen Gebieten abgrenzen lässt.

Küste
Übergangsbereich zwischen Festland und Meer

Ein Tiefland – viele Landschaften

Das Norddeutsche **Tiefland** ist eine Großlandschaft. Sie erstreckt sich von den Küsten bis hin zur Mittelgebirgslandschaft. Seinen Namen hat das Tiefland von seiner insgesamt geringen Höhenlage bis rund 200 Meter. Dennoch ist es sehr vielgestaltig: Es wechseln Ebenen mit welligen bis hügeligen Räumen ab.
Die niedrigsten Gebiete befinden sich mit 2,30 m im Emsland; die höchste Erhebung liegt im Fläming mit dem 201 m hohen Hagelberg.

Die einzelnen Landschaften des Tieflandes werden vielfältig genutzt.
Die Küsten an Nord- und Ostsee sind bevorzugte Reiseziele, die vor allem zum Baden, Wandern und Radfahren einladen.
Auf der Grundlage weiter Flächen und fruchtbarer Böden liegen im Tiefland bedeutende Agrargebiete. Besonders hohe Erträge werden in den Börden erzielt. Viele Landschaften sind reich an Rohstoffen. Die großen Städte sind zugleich wichtige Wirtschaftszentren.

1. Beschreibe die Vielfalt des Norddeutschen Tieflandes.
2. Nenne die Bundesländer, die Anteil am Tiefland haben.
3. Ordne den vier Fotos (1 bis 4) die passende Beschreibung von Landschaften (A bis D) zu. Begründe deine Entscheidung (Lage, Merkmale).

①

②

③

④

Ⓐ Marsch

Das Wort Marsch bedeutet Meerland.
Marschen treten direkt an der Küste der Nordsee und entlang der Unterläufe der Flüsse Elbe, Ems und Weser auf.
Entstanden sind sie durch Ablagerungen des Wassers. Sie müssen durch Deiche geschützt und ständig entwässert werden. Die Marschen sind sehr fruchtbar und werden landwirtschaftlich genutzt.

Ⓑ Mecklenburgische Seenplatte

Die Mecklenburger Seenplatte erstreckt sich von der Landesgrenze zu Niedersachsen bis an das Ueckertal im Osten. In der Mecklenburger Seenplatte gibt es fast 1 000 Seen. Die bekanntesten sind die Müritz, der Plauer See und der Kölpinsee. Die Müritz ist mit 109 km^2 der größte See im Norddeutschen Tiefland. In dieser Region gibt es Naturschutzgebiete. Das Gebiet der Mecklenburger Seenplatte ist ein beliebtes Erholungsgebiet.

Ⓒ Lüneburger Heide

Die Lüneburger Heide befindet sich zwischen den Flüssen Elbe und Aller.
Ihre höchste Erhebung ist mit 169 Metern der Wilseder Berg.
Sie ist eine Landschaft mit sandigen Böden, Niederungen und Mooren. Die wenig fruchtbaren Böden dienen dem Anbau von Kartoffeln und Roggen.
Die Lüneburger Heide ist eines der ältesten und größten Naturschutzgebiete Deutschlands. Viele Touristen kommen jedes Jahr in die Heide.

Ⓓ Spreewald

Der Spreewald ist eine in Mitteleuropa einzigartige Flusslandschaft. Hier bildet die Spree ein dichtes Netz aus Nebenflüssen. Sein Name weist darauf hin, dass sich hier früher ein dichter Urwald ausbreitete. Heute wechselt der Wald mit Wiesen und Äckern ab. Besonders beliebt bei Besuchern sind Bootsfahrten und Fahrradtouren.

M1 *Übungskarte zum deutschen Küstenraum*

M2 *Die Insel Helgoland*

M3 *Wattenküste in Schleswig-Holstein*

Die Nordseeküste

Die Nordsee hat eine breite Verbindung zum Atlantischen Ozean und wird als ein Randmeer des Atlantiks bezeichnet. Ihr Salzgehalt liegt bei 3,5 Prozent (35 Gramm pro Liter). An der Nordseeküste wirken die Gezeiten. Dabei steigt bzw. fällt der Meeresspiegel alle sechs Stunden um mehrere Meter. Den Meeresboden, der im ständigen Wechsel trockenfällt und dann wieder überflutet wird, nennt man Watt. Die Wattenküste erstreckt sich über den gesamten deutschen Nordseeküstenraum.

In den Wattbereichen liegen vor dem Festland die Ost- und Nordfriesischen Inseln, große Sandbänke und sehr kleine Inseln, die Halligen. Sie sind teilweise Reste des ehemaligen Festlandes, das von starken Sturmfluten zerstört wurde. Die Häuser auf den Halligen stehen erhöht auf Erdhügeln (Warften), die sie vor Überflutungen schützen.

In die Nordsee mündet die Elbe, der größte Fluss Norddeutschlands (vgl. S. 89).

1. Beschreibe die Nord- und Ostseeküste.
2. Benenne in der Übungskarte (M1) die Buchstaben und Zahlen.

100800-020
schueler.diercke.de

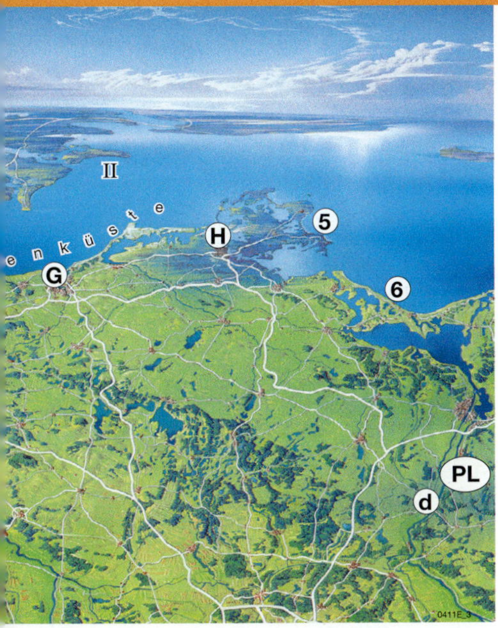

Die Ostseeküste

Die Ostsee ist ein Binnenmeer, d.h. sie ist fast vollständig von Landflächen umgeben. Nur durch eine schmale Meerenge zwischen Dänemark und Schweden ist sie mit dem Atlantischen Ozean verbunden. Der Salzgehalt der Ostsee liegt bei 1,8 Prozent (18 Gramm pro Liter). Durch den geringen Einfluss des Atlantiks steigt und fällt der Meeresspiegel an der Ostsee nur um wenige Zentimeter.

Ihrer Küste vorgelagert sind **Inseln** und Halbinseln, so die größten Ostseeinseln Rügen und Usedom oder die Halbinsel Darß-Zingst.

Im Gegensatz zur Nordseeküste findet man an der Ostseeküste vielfältige Küstenformen. An der Küste zwischen Flensburg und Lübeck liegt die Fördenküste, mit mehreren weit ins Land reichenden tiefen Rinnen. Nach Osten hin schließt sich die Buchtenküste an. Östlich von Rostock beginnt die Boddenküste mit flachen, unregelmäßig verlaufenden Buchten.

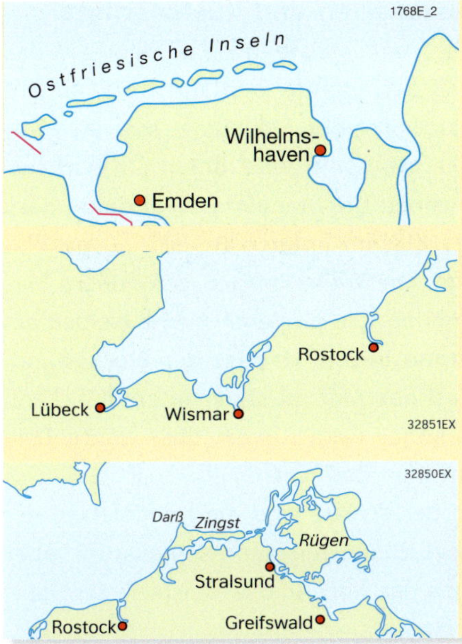

Der Bereich zwischen Festland und den Ostfriesischen und Nordfriesischen Inseln ist das *Watt*. Die Küstenform heißt Wattenküste.

Eine *Bucht* ist ein Meeresteil, der zum Teil in das Landesinnere hineinragt.

Bodden sind flache Meeresbuchten mit einer geringen Wassertiefe. Sie haben oft nur einen kleinen Zugang zum Meer.

M4 *Küstenformen an Nord- und Ostsee*

M5 *Kieler Förde*

M6 *Boddenküste in Mecklenburg-Vorpommern*

3. Stelle in einer Tabelle Merkmale von Nord- und Ostsee gegenüber.

4. Erkläre den geringen Salzgehalt des Ostseewassers.

Küstenarten und Küstenschutz

Die Steilküste: Wenn das Meer auf das steil aufragende Festland trifft, spricht man von einer Steilküste. Ihre steil abfallende Wand wird dabei als Kliff bezeichnet. Die Brandung sorgt dafür, dass das Kliff im unteren Bereich ausgehöhlt wird. Die Wellen tragen das feinere Material ab. Die größeren Steine bleiben am Strand liegen, das ist der Blockstrand. Wird das Kliff zu stark unterhöhlt, kann es sogar dazu führen, dass große Teile von ihm abbrechen.

An der Ostsee sind die Kreidefelsen der Insel Rügen mit dem Königsstuhl, aber auch das Kap Arkona Beispiele für Steilküsten.

Auch an der Nordsee sind Steilküsten zu finden, zum Beispiel auf der Insel Helgoland oder auf der Insel Sylt.

Die Flachküste: An einer Flachküste fällt der Strand sanft zum Meer hin ab. Sie besteht häufig aus lockerem Material wie Sand und Kies. Durch Wasser und Wind verändert sich die Flachküste ständig. Feiner, trockener Sand wird vom Wind landeinwärts getragen und häufig zu meterhohen Sandanhäufungen, den Dünen, aufgetürmt. Sie sind mit Strandhafer, Sträuchern und Bäumen bewachsen. An den Flachküsten ist auch die aufbauende Wirkung des Meeres zu beobachten. Sand und Geröll werden durch Meereswellen abgetragen. Die Strömung entlang der Küste transportiert das feine Material und lagert es an anderen Stellen wieder ab. Dadurch erhält eine ehemals buchtenreiche Küste einen fast geradlinigen Verlauf.

M1 *Ein Deichbruch, Folge einer schweren Sturmflut*

Küstenschutz an Nord- und Ostsee

Die Menschen an der Nordseeküste wissen, dass vor allem Schutzwälle am besten vor Überflutung des Hinterlandes schützen. Deshalb legen sie entlang der Küste hohe Deiche an. Da die Wasserstände in Zukunft bei Sturmflut ansteigen, muss die Höhe der Deiche ständig angepasst werden.

An der Ostsee wird besonders das Kliff der Steilküste mit Wällen aus Steinen und Beton vor der Gewalt des Meeres geschützt.

An der Flachküste sind dicke Pfahlreihen, Buhnen genannt, in den Meeresboden gerammt. Sie ragen weit in das Meer hinaus und brechen die Kraft der Wellen.

M2 *Buhnenbau an der Ostsee*

1. Vergleiche Steil- und Flachküste. Erkläre, warum du das Kliff und die Dünen nicht betreten darfst.
2. Erläutere, durch welche Baumaßnahmen die verschiedenen Küstenarten geschützt werden.

So gehst du vor

Lesen einer Profilskizze

1. Nenne das Thema (Über- oder Unterschrift).
2. Beschreibe den Inhalt (Verlauf der Profillinie, Begriffe, Farben, Symbole).
3. Vergleiche mit einem Foto.

Anfertigen einer Profilskizze

1. Zeichne eine waagerechte und senkrechte Linie.
2. Skizziere die Profillinie.
3. Gestalte die Profilskizze (Farben, Begriffe, Symbole).
4. Formuliere eine Über- oder Unterschrift.

Profilskizzen

Profilskizzen sind zeichnerische Darstellungen und zeigen einen Anschnitt der Erdoberfläche. Sie dienen zur Veranschaulichung von Merkmalen der Oberflächenformen, der Lagerung von Gesteinen oder der Schichtung des Bodens.

M3 *Steilküste bei Sassnitz, Rügen*

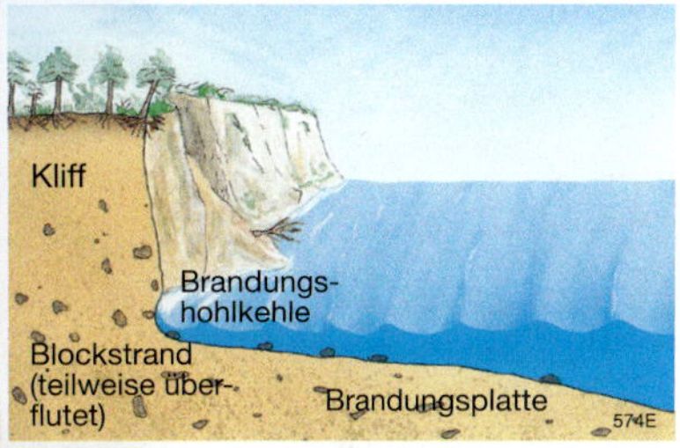

M5 *Profilskizze Steilküste*

M4 *Flachküste mit Dünen an der Nordsee*

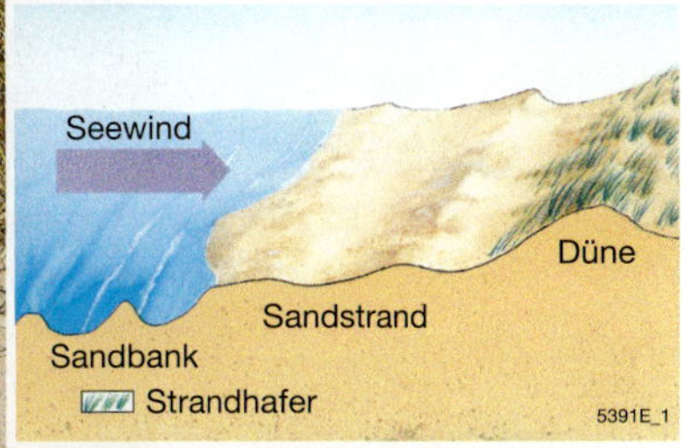

M6 *Profilskizze Flachküste*

3. Beschreibe unter Nutzung von Begriffen die beiden Profilskizzen einer Steil- und Flachküste.

4. Fertige selbst Profilskizzen zu den beiden Küstenarten nach der Schrittfolge an.

M1 *An der Nordseeküste zu unterschiedlichen Tageszeiten*

Das Wasser kommt, das Wasser geht

Wie du schon erfahren hast, wirken an der Nordsee die **Gezeiten**. Dabei hebt und senkt sich der Meeresspiegel in regelmäßigen Abständen. Das Ablaufen des Wassers, also das Sinken des Meeresspiegels, wird als Ebbe bezeichnet. Dieser Vorgang dauert etwas über sechs Stunden. Ist der niedrigste Stand erreicht, spricht man von Niedrigwasser. Das dann folgende Steigen des Wasserspiegels, also das Auflaufen des Wassers, wird als Flut bezeichnet. Dieser Vorgang dauert ebenfalls mehr als sechs Stunden. Am Ende der Flut wird der höchste Wasserstand, das Hochwasser, erreicht. Der Unterschied zwischen Hoch- und Niedrigwasser heißt Tidenhub. Bei Hochwasser ist der graue Meeresboden, das Watt, vom Meer bedeckt. Bei Niedrigwasser fällt es trocken und du kannst auf dem Meeresgrund spazieren gehen (vgl. S. 65). Das Nordseewasser läuft nicht über die ganze Fläche ab. Es sammelt sich in kleinen und großen Rinnen. Sie werden Priele genannt. In den großen Prielen können sogar manchmal Fährschiffe fahren.

Tidenhub

An der Nordsee beträgt der Tidenhub zwischen zwei und vier Metern. Bei der Stadt Bristol in England und bei der Stadt Saint-Malo in Frankreich liegt der Tidenhub bei zwölf Metern. Den größten Tidenhub weltweit gibt es in Kanada in der Bay of Fundy mit 21 Metern.

Sturmflut

An der Nordsee kommt es zu einer Sturmflut, wenn die normale Flut durch starke Stürme aus West/Nordwest begleitet wird. Sogar bei Ebbe kann das Wasser nicht mehr zurücklaufen. Bei der nächsten Flut kommen dann neue Wassermassen hinzu. Das Wasser wird weit aufgestaut. Die Flüsse können nicht mehr in die Nordsee abfließen. Im Jahr 1962 stand das Wasser in Hamburg etwa 4,20 Meter höher als bei einer normalen Flut.

1. Beschreibe den Wechsel innerhalb der Gezeiten.
2. Erläutere die Entstehung von Sturmfluten.
3. Berichte über die Bedeutung der Halligen für den Küstenschutz.
4. Informiere dich über das tägliche Leben auf einer Hallig (Internet).

M2 *Auf einer Hallig*

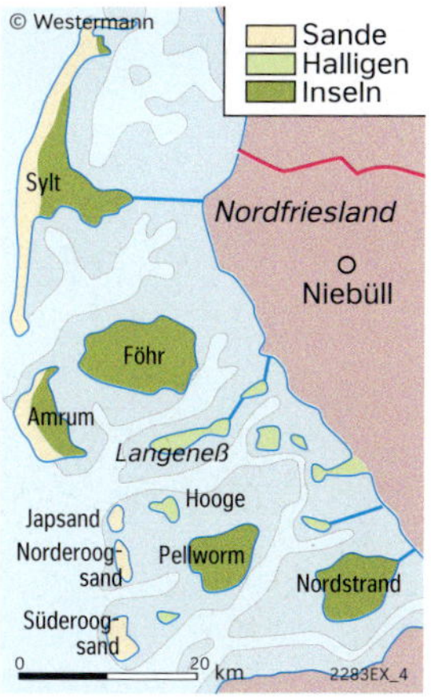

M4 *Lage der Hallig Hooge*

Leben auf einer Hallig

Lars ist elf Jahre alt. Er lebt auf der Hallig Hooge. An der deutschen Nordseeküste gibt es heute noch zehn Halligen. Sieben davon sind ständig bewohnt. Zu den Halligen kommst du nur bei Ebbe durchs Watt zu Fuß, mit der Pferdekutsche oder einer kleinen Schienenbahn. Als einzige hat die Hallig Hooge unabhängig von den Gezeiten eine regelmäßige Fährverbindung. Die derzeit 95 Bewohner der Hallig leben hauptsächlich vom Tourismus. Vor allem im Sommer kommen bis zu 1000 Tagestouristen auf die Insel.

Lars' Elternhaus liegt wie alle Häuser auf einem Erdhügel, der Warft. Bei starkem Wind und hohem Wellengang ragen nur die Warften aus dem Meer heraus. Dann ist „Land unter". Zu erwarten ist, dass es durch den Klimawandel zu häufigeren Sturmfluten kommen wird. Deshalb müssen die Warften verstärkt und erhöht werden. Die Halligen haben auch eine wichtige Aufgabe für den Küstenschutz des Festlandes. Für die anrollenden Wellen sind sie ein natürliches Hindernis und bremsen somit ihre Wucht ab.

www.halligen.de

www.halligschulen.de

M3 *Hallig Hooge: Ebbe, Flut, Sturmflut (Land unter)*

M1 *Strand von St. Peter-Ording (am Weltnaturerbe Wattenmeer)*

Urlaub an der Nordsee

Jeden Sommer nutzen viele Menschen die Nordseeküste als Urlaubsort, um sich dort zu erholen. Breite Strände, der Blick auf das Meer, das weitläufige Watt, eine Wanderung durch die Dünen oder eine Ausfahrt zu den Seehundbänken locken die Besucher an die Nordseeküste. Zu den beliebtesten Aktivitäten gehört auch eine Wattwanderung (S. 65).

Viele Bewohner der Nordseeküste verdienen durch Urlaubsgäste ihr Geld. Der Fremdenverkehr (**Tourismus**) ist an der Küste ein wichtiger Wirtschaftszweig. Dienstleistungen wie Übernachtungsangebote, Fahrradverleih, Gaststättenbetrieb oder Touristenführungen schaffen Arbeitsplätze und ermöglichen vielen Menschen an der Nordsee ein Einkommen.

Imke:
„Mein Onkel hat eine kleine Gaststätte am südlichen Ortsrand von Westerland auf Sylt. Durch die zahlreichen Touristen kann er vor allem im Sommer viel Geld verdienen. Im Winter ist das allerdings schwieriger. Deshalb schließt er im Winter seine Gaststätte und arbeitet bei einer Firma auf dem Festland.“

Thies:
„Meine Fahrradwerkstatt platzt im Sommer aus allen Nähten. Die Hotels wollen ihre Leihräder reparieren lassen, mein eigener Verleih läuft auf Hochtouren und ich komme kaum zur Ruhe. Dafür ist es im Winter leider oft zu ruhig. Ich bin oft stundenlang alleine in der Werkstatt.“

M2 *Tourismus als Wirtschaftszweig*

www.planet-wissen.de
(→ Wattenmeer)

1 a) Beschreibe, warum viele Menschen Urlaub an der Nordsee machen.
b) Der Tourismus bietet den Küstenbewohnern viele Möglichkeiten zum Geldverdienen. Erläutere.

2 Der Strand St. Peter-Ording ist Teil des Nationalparks Wattenmeer. Urlauber dürfen hier parken. Finde Argumente dafür und dagegen, z. B. aus der Sicht eines Kite-Surfers und eines Parkrangers.

Baden in der Nordsee

Die Badezeiten an der Nordseeküste sind von den Gezeiten abhängig. In jedem Hotel findest du daher einen aktuellen Gezeitenkalender mit den Uhrzeiten von Hoch- und Niedrigwasser an jedem Tag. Da der Zeitabstand zweier Hochwasser 12 Stunden und 25 Minuten beträgt, verschieben sich die Zeiten von Tag zu Tag. Du musst dich also genau informieren, denn nur bei Flut darfst du baden gehen. Zu Beginn der Flut füllen sich die Priele zuerst mit Wasser. Die Rinnen, die bei Niedrigwasser nur wenige Zentimeter tief sind, können in kurzer Zeit die Ausmaße eines Flusses annehmen. Oft entstehen tückische Strömungen. Bei Ebbe ist das Baden verboten. Die Strömung des ablaufenden Wassers ist so stark, dass selbst gute Schwimmer von ihr mitgerissen werden können.

M3 *E-Mail aus dem Urlaub*

Tag	Uhrzeit			
	Hochwasser		**Niedrigwasser**	
5. Sa.	03:20	15:20	09:24	22:07
6. So.	04:05	16:08	10:08	22:53
7. Mo.	04:51	16:59	10:57	23:41
8. Die.	05:42	17:58	11:54	

M4 *Auszug aus dem Gezeitenkalender*

Unterwegs im Watt

„Moin Moin“, so begrüßt uns der Wattführer Herr Petersen. Er führt uns durchs Watt und erklärt uns, dass es eine einzigartige Naturlandschaft ist. Sie wurde in die Liste des Weltnaturerbes aufgenommen. Wir stapfen durch den Schlick. Viele versinken darin bis zu den Knöcheln. Auf der Wanderung sehen wir viele Muscheln, Schnecken und Krabben, am Horizont sogar Seehunde auf einer Sandbank.

Herr Petersen berichtet auch, dass das Wattenmeer sehr stark gefährdet ist. Rücksichtslose Wanderer und Bootsfahrer stören durch Lärm die Tiere bei der Aufzucht. Besonders schlimm sind Öllachen nach Tankerunfällen. Viele Seevögel sterben, weil ihr Gefieder verschmutzt wird.

M5 *Wattwanderung*

3. Begründe, warum du an der Nordseeküste im Vergleich zur Ostseeküste selbst bei gutem Wetter nicht den ganzen Tag über baden kannst.
Orientiere dich auch am Gezeitenkalender (M4).

4. Bevor du eine Wattwanderung unternehmen kannst, musst du dich mit Verhaltensregeln vertraut machen.
Nenne Verhaltensregeln für Wattwanderungen und begründe sie.

Sanfter Tourismus
bedeutet, dass die Touristen die Landschaft und den Urlaubsort genießen können, ohne dabei die schützenswerte Natur und die Lebensgrundlagen der Menschen zu zerstören.

Urlaub an der Ostsee

Die Ostseeküste ist eines der beliebtesten Urlaubsziele der Deutschen und vieler ausländischer Gäste. Zahlreiche Seebäder locken immer mehr Urlauber an die Küste. Heiligendamm gilt als ältestes deutsches Seebad. Es wurde 1793 gegründet. Danach entstanden weitere Badeorte entlang der Ostseeküste. Heute verzeichnen die Seebäder auf den Inseln Usedom und Rügen und in der Lübecker Bucht die höchsten Gästezahlen. Die touristischen Möglichkeiten einer ganzjährigen Nutzung der Küste sind vielfältig, doch entscheidend ist noch immer die Sommersaison. Die Touristen bringen Mecklenburg-Vorpommern und Schleswig-Holstein hohe Einnahmen, sie verursachen aber auch zahlreiche Probleme und Kosten. Sehr viel Geld wird jährlich in den Naturschutz investiert. Tourismus und Naturschutz schließen sich nicht aus, sondern sollen in Form des **sanften Tourismus** vereint werden.

1 Nenne viel besuchte Urlaubsorte an der Ostsee.

2 Erläutere, wie ein Urlaub vielfältig gestaltet werden kann.

M1 *Sundbrücken – Verbindung von Stralsund auf die Insel Rügen*

M2 *Insel Rügen*

www.ruegen-hiddensee.de

Urlaub auf der Insel Rügen

Rügen ist mit 926 km² die größte deutsche Insel. Seit 1936 verbindet der Rügendamm mit der Ziegelgrabenbrücke die Insel mit Stralsund auf dem Festland. Vorher war Rügen nur mit dem Schiff zu erreichen. Seit 2007 sorgt eine zweite, moderne Brücke für eine schnelle Überquerung des Strelasunds (M1). Das Leben der Inselbewohner wurde schon immer durch die Lage am Meer geprägt. So hat die Fischerei auf Rügen eine lange Tradition.

Die Stadt Sassnitz ist ein bekannter Urlaubsort. Sie besitzt einen bedeutenden Fährhafen. Fährverbindungen gibt es nach Schweden, Dänemark, Russland und Litauen. Von Sassnitz aus kann die einmalige Kreideküste mit dem Kreidefelsen „Königsstuhl" erkundet werden (S. 61, M3).
Rügen hat durch die vielen Buchten und Bodden eine Küstenlänge von 574 km. Vor allem die 56 km langen feinsandigen Strände laden im Sommer zum Baden ein.

Kap Arkona

So nennt man die Nordspitze der Insel Rügen auf der Halbinsel Wittow. Weit reicht der Blick. Das Kliff ragt hier 47 Meter hoch über das Meer. Zwei Leuchttürme, der höchste ist 35 Meter hoch, weisen den Schiffen einen sicheren Weg um das Kap. Vor vielen Jahrhunderten war das Kap ein Kultzentrum der Ranen, die hier ihren Gott Swantewit verehrten.

Ostseebad Binz

Binz ist eines der ältesten Seebäder mit einem 5 km langen Sandstrand und einer 3 km langen Strandpromenade. Sehenswert sind die vielen historischen Gebäude und der Kurplatz mit Wandelhallen. Mit der Schmalspurbahn Rasender Roland können viele andere touristische Ziele und Seebäder erreicht werden.

M3 *Schmalspurbahn*

3. Beschreibe die Verkehrsanbindung der Insel Rügen (Atlas).

4. Erarbeite einen Bericht über eine Sehenswürdigkeit auf Rügen.

M1 *Vorpommersche Küstenlandschaft: Darßer Ort*

M4 *Niedersächsisches Wattenmeer*

Naturschutz an der Küste

Du hast erfahren, dass die Landschaften an der Nord- und Ostseeküste vielfältig und einzigartig sind. Sie locken jährlich viele Touristen an. Auch andere Nutzungen durch den Menschen wie die Hafen- und Fischereiwirtschaft, die Erdölförderung oder Schifffahrt belasten die Umwelt sehr stark mit Abgasen, Abfällen oder Lärm. Deshalb wurden Schutzgebiete eingerichtet. An der deutschen Nordseeküste befinden sich zur Erhaltung des Wattenmeeres und seiner besonderen Tier- und Pflanzenwelt drei Nationalparks. An der Ostsee werden in Nationalparks vor allem die Kreidefelsen auf der Insel Rügen und Boddengewässer geschützt (M2).

Naturpark
Ein Naturpark ist ein großes Gebiet, in dem auf den Schutz der Umwelt und den Erhalt der Landschaft geachtet wird. Er dient überwiegend der Erholung.

Nationalpark
Ein Nationalpark ist ein Gebiet mit seltenen Naturlandschaften. Es gelten besondere Schutzbestimmungen, um die Tier- und Pflanzenwelt zu erhalten. Durch die Einteilung in Zonen mit strengen Bestimmungen werden Naturschutz und Nutzung durch den Menschen geregelt.

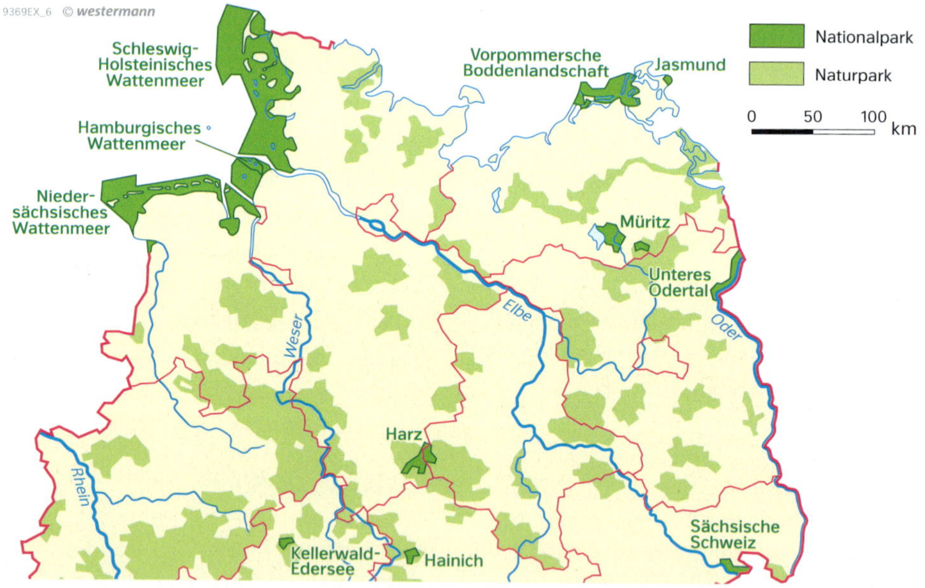

M3 *Naturparks und Nationalparks in Mittel- und Norddeutschland*

M2 *Hinweisschilder aus einem Nationalpark*

1 Erläutere die Bedeutung von Naturschutzgebieten.

2 Formuliere Sätze zum Verhalten in Nationalparks (M2).

„Ein Bild sagt oft mehr als tausend Worte." Der Satz trifft auch auf M5 zu, vorausgesetzt du bringst das Bild zum „Sprechen".

So gehst du vor

1. **Orientierung**
   Die Bildunterschrift gibt in der Regel den Ort der Aufnahme an.
   Bestimme mit M6 und mit dem Atlas die Lage des dargestellten Ortes in M5.

2. **Einteilung des Bildes**
   Teile das Bild in Vordergrund, Mitte und Hintergrund ein. So kannst du dich viel besser auf die verschiedenen Bereiche des Bildes konzentrieren.
   Der Vordergrund beginnt am unteren Bildrand und endet im Hafen. Das sich anschließende Festland mit Verkehrswegen und Wohngebäuden bildet die Mitte. Der Bildhintergrund zeigt die touristische Nutzung.

3. **Beschreibung des Bildinhaltes**
   Beschreibe die Einzelheiten, die du im Bild erkennen kannst.
   Beachte dabei:
   Verteilung von Land und Wasser, die Oberflächenformen, die Nutzung von Land und Gewässern, das Aussehen und die Nutzung von Gebäuden.

M6 *Lage von Warnemünde*

M5 *Luftbild von Warnemünde, ein Ortsteil im Norden Rostocks*
Warnemünde ist ein beliebtes Seebad und wichtiger Verkehrsknotenpunkt.

3 Nimm eine Bildbeschreibung zu M5 mithilfe der Schrittfolge vor.

4 Beschreibe ein selbst ausgewähltes Bild.

Überblick

An das Norddeutsche Tiefland schließt sich nach Süden der Mittelgebirgsraum an. Er ist flächenmäßig die größte der deutschen Landschaften und wird im Süden begrenzt durch die Donau. Die Ausdehnung von Nord nach Süd beträgt rund 400 Kilometer. Die Mittelgebirgslandschaft unterscheidet sich vom Tiefland deutlich im Aussehen. Abgerundete Berge, weite Hochflächen, tief eingeschnittene Täler, Becken und Gräben wechseln hier miteinander ab. In den deutschen **Mittelgebirgen** erreichen die Berge eine Höhe von knapp 1 500 Metern. Der höchste Berg ist der Feldberg im Schwarzwald mit 1 493 Metern.

Die abwechslungsreiche Natur mit vielen Wäldern und Seen lädt das ganze Jahr über abhängig von der Jahreszeit zum Wandern, Radfahren oder zum Rodeln und Skilaufen ein.

An Stauseen, in denen das Wasser der zahlreichen Flüsse aufgestaut wird, gibt es zahlreiche Campingplätze. Wo aus Quellen Wasser mit Heilkraft sprudelt, befinden sich Kur- und Heilbäder.

Auch zahlreiche Sehenswürdigkeiten locken viele Touristen an. Dazu gehören z. B. die größte Doppelseilrutsche Europas an der Rappbode-Talsperre im Harz, der Rennsteig im Thüringer Wald oder der Geopark „Vulkaneifel“.

www.youtube.de
(→ Mittelgebirge)

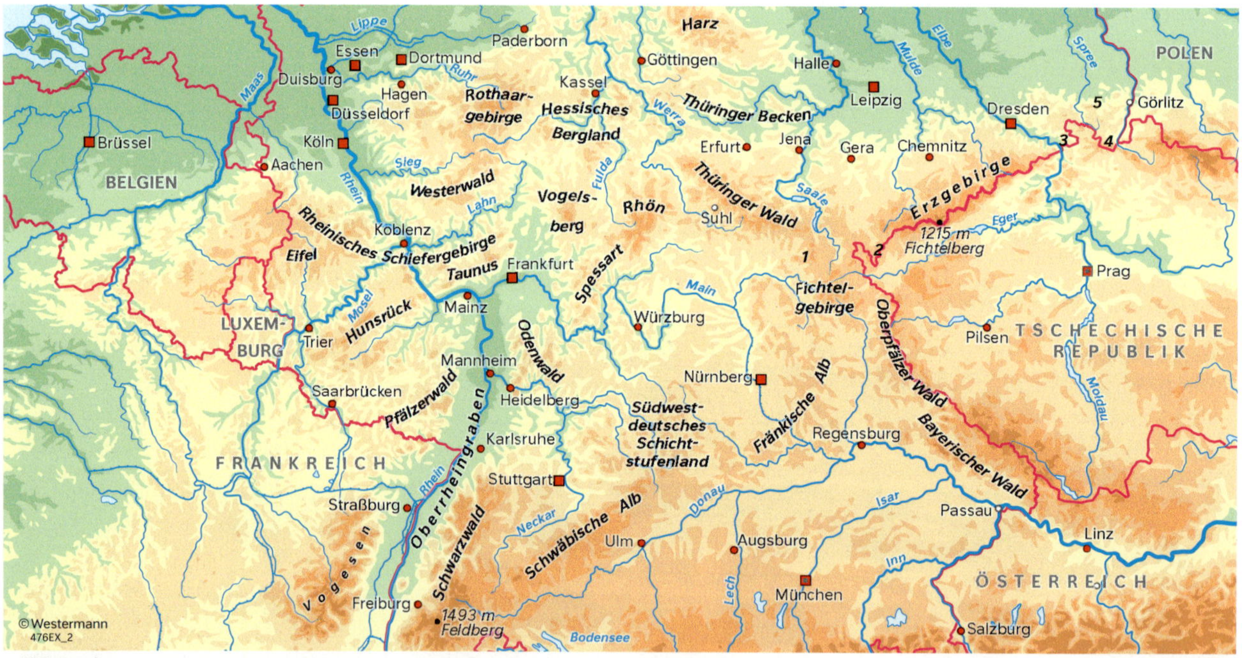

Höhenstufen

über 1000 m	300 - 500 m
700 - 1000 m	200 - 300 m
500 - 700 m	100 - 200 m
0 - 100 m	unter 0 m

1 Frankenwald
2 Elstergebirge
3 Elbsandsteingebirge
4 Zittauer Gebirge
5 Lausitzer Bergland

0 25 50 75 km

M1 *Physische Karte: Der deutsche Mittelgebirgsraum*

1. Beschreibe die Lage des Mittelgebirgslandes.
2. Nenne Merkmale von Mittelgebirgen. Vergleiche mit dem Tiefland.
3. Berichte über Möglichkeiten der touristischen Nutzung der Mittelgebirgslandschaft. Beziehe auch eigene Urlaubserlebnisse mit ein.

Klettern im Elbsandsteingebirge

Die zahlreichen, senkrecht aufragenden Felswände werden von vielen Bergsteigern bezwungen.

Vogtland Arena in Klingenthal

Auf der Anlage am Schwarzenberg finden internationale Skisprungwettbewerbe statt.

Tourismus an der Bleiloch-Talsperre

Das „Thüringer Meer“ ist die größte Talsperre Deutschlands. Sie liegt mitten im Wald.

Rafting auf der Murg im Schwarzwald

In der „Murgauer Arena“ kann man mit dem Schlauchboot eine Wildwasserfahrt unternehmen.

Forstwirtschaft im Bayerischen Wald

Die Bäume der bewaldeten Mittelgebirge werden gerodet und in der Holzwirtschaft verarbeitet.

Schafherde im Taunus

Schafe weiden in Herden auf waldfreien Flächen und tragen zum Erhalt der Landschaft bei.

M2 *Nutzungsvielfalt*

www.youtube.de
(→ Mittelgebirge – Entstehung)

Eine Bruchschollenlandschaft

Die Entstehung der Mittelgebirge reicht viele Millionen Jahre zurück. Dort, wo sich heute das Mittelgebirgsland erstreckt, entstand vor mehr als 300 Millionen Jahren ein Hochgebirge. Es wurde mit der Zeit abgetragen und eingeebnet.

Vor etwa 100 Millionen Jahren sah das Gebiet aus wie unsere heutigen Tiefländer. Die alten Gebirgsrümpfe des einstigen Hochgebirges waren aber noch im Untergrund vorhanden.

Vor etwa 60 Millionen Jahren bildeten sich die Alpen heraus. Dabei zerbrachen die alten Rümpfe in große Bruchschollen. Anschließend wurden einzelne Schollen durch erdinnere Kräfte herausgehoben, gekippt oder gesenkt. Dadurch entstanden die unterschiedlichen Oberflächenformen des Mittelgebirgslandes (M1).

Ihrer Entstehung nach sind die deutschen Mittelgebirge **Bruchschollengebirge**.

Beim Zerbrechen und bei der Bewegung der Schollen bildeten sich Risse und Spalten, in denen glutflüssiges Gestein aufstieg. So ist das Vorkommen von Basaltkuppen (Reste ehemaliger Vulkane) oder von Erzlagerstätten im Erzgebirge zu erklären (vgl. auch S. 81).

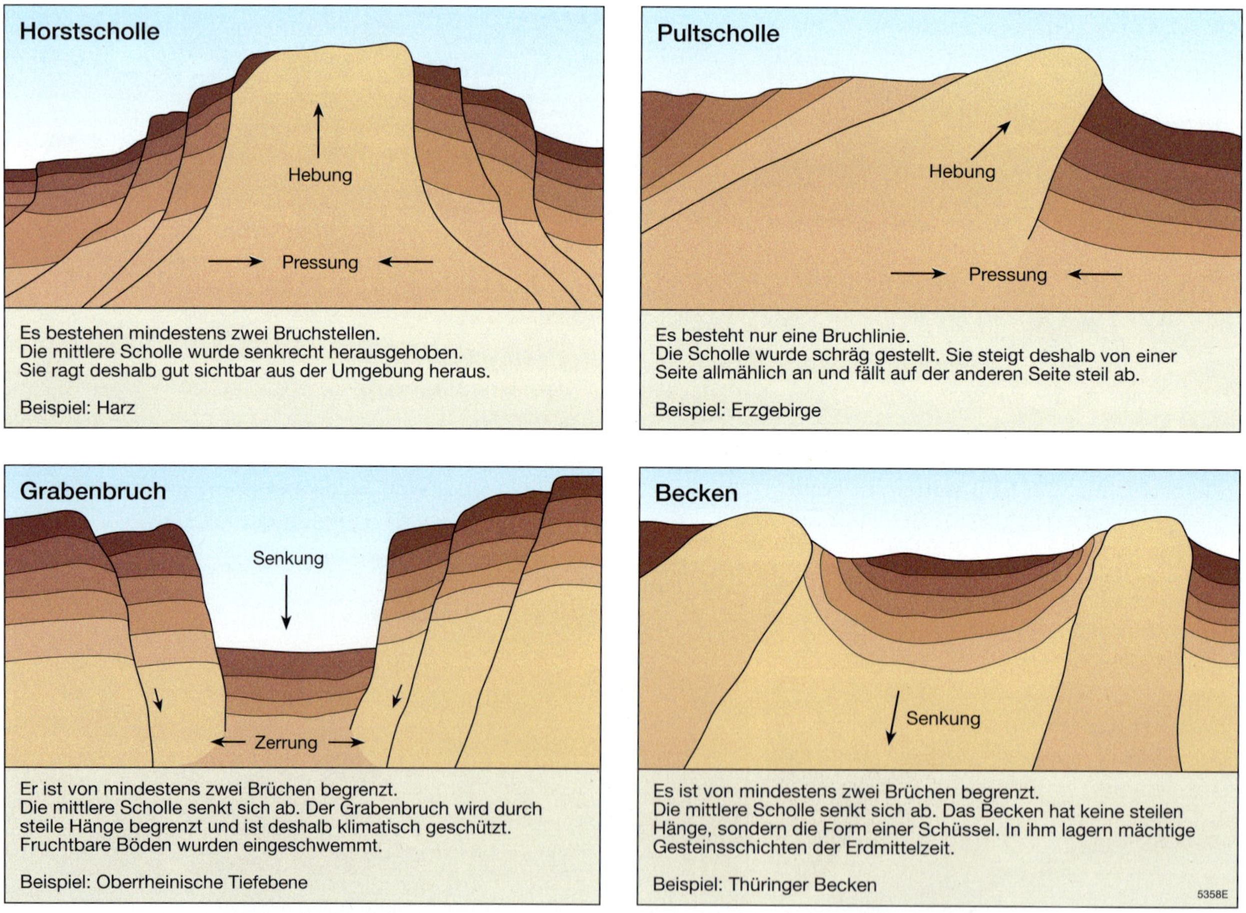

M1 *Bruchformen in Mittelgebirgen*

1. Das Mittelgebirgsland ist eine Bruchschollenlandschaft. Erkläre.
2. Vergleiche die Entstehung des Harzes mit der des Erzgebirges.

M2 *Blick ins Thüringer Becken*

M4 *Basaltsäulen (Scheibenberg)*

Die Mittelgebirge bestehen aus Millionen Jahre alten Gesteinen. Sie sind verschieden hart und werden vielfältig genutzt.

Granit
- entstanden aus Magma, das in einigen Kilometern Tiefe unter der Erdoberfläche erkaltete
- grau-weiß, schwarz
- sehr große Härte
- Nutzung als Baumaterial
- Vorkommen: Harz, Fichtelgebirge

Basalt
- entstanden aus erstarrter Lava
- schwarz
- sehr große Härte
- Nutzung als Baumaterial und Schotter
- Vorkommen: Eifel, Rhön, Erzgebirge

Sandstein
- abgelagerte Sandschichten haben sich zu Gestein verfestigt
- Farben in Rot und Gelb
- geringere Härte, porös
- Nutzung als Bau-, Werk- und Fassadenstein
- Vorkommen: Pfälzer Wald, Spessart, Elbsandsteingebirge, Thüringer Becken

Kalkstein
- entstanden aus Meeresablagerungen
- fein- bis grobkörniges Gestein
- grau-gelblich
- Nutzung für Gebäudeverkleidungen, Bodenbeläge und Fensterbänke
- Vorkommen: Harz, Schwäbische Alb, Thüringer Becken

M3 *Gesteine in den Mittelgebirgen*

www.planet-wissen.de
(→ Gesteine unserer Heimat)

www.geologie.sachsen.de
(→ Geheimnis der Orgelpfeifen)

3 Erläutere, weshalb in den Gebirgen das vulkanische Gestein Basalt vorkommt.

4 Vergleiche die Gesteine in M3 nach mindestens zwei Merkmalen.

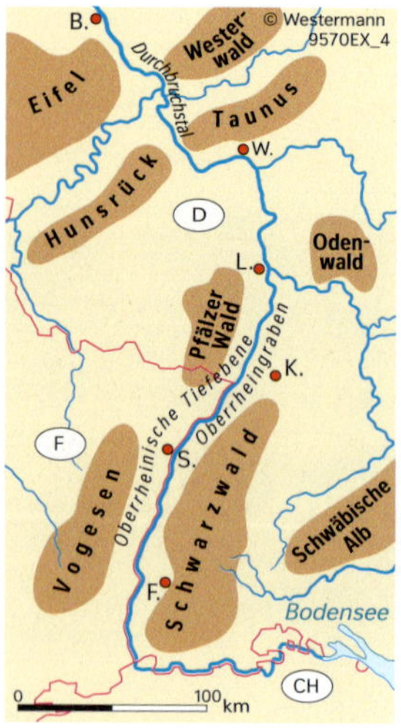

M1 *Formenvielfalt zeigt sich in den Mittelgebirgen entlang des Rheins.*

M2 *In der Oberrheinischen Tiefebene*

Formenvielfalt entlang des Rheins

Der Rhein entspringt als Gletscherbach auf über 2000 Meter Höhe im St.-Gotthard-Massiv der Schweizer Alpen.
Am Oberlauf und Mittellauf des Rheins sind zwei Oberflächenformen zu finden, die eine besondere Entstehungsgeschichte aufweisen.

Von Basel bis Mainz durchfließt er als Oberrhein die ca. 30 Kilometer breite Oberrheinische Tiefebene. Sie ist der Entstehung nach ein Grabenbruch (M3).
Ab Bingen durchschneidet der Mittelrhein in einem engen Flussbett das Mittelgebirge. Dabei entstand ein Durchbruchstal.

www.fragFINN.de (→ Oberrheinische Tiefebene)

Die Entstehung

Vor etwa 80 Millionen Jahren waren die heutige Oberrheinische Tiefebene und die angrenzenden Gebirge ein zusammenhängendes Gebirge. Durch erdinnere Kräfte driftete die Gebirgsscholle auseinander und es kam zu Bruchflächen.
An ihnen sank in vielen Hunderttausend Jahren ein Teil der Scholle ab. Die seitlichen Teile wurden außerdem emporgepresst. Die entstandene breite Senke gleicht einem Graben.

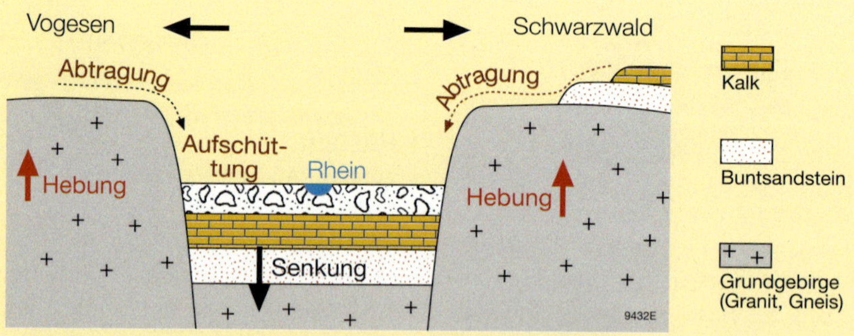

Die Oberrheinische Tiefebene ist der Entstehung nach ein Grabenbruch.

M3 *Entstehung des Oberrheingrabens*

1. Die Oberrheinische Tiefebene wird auch als Grabenbruch bezeichnet. Erkläre (M3).
2. Beschreibe die Entstehung des Durchbruchstals (M5) und des Schichtstufenlandes (M6).

M4 *Im Rheintal: Loreley-Felsen*

Loreley

Der steil aufragende Loreley-Felsen befindet sich bei St. Goarshausen. Das Rheintal ist hier sehr eng.
Es ist für die Schifffahrt auch heute noch eine gefährliche Stelle. Früher kam es oft zu Schiffsunglücken. Bekannt wurde die Loreley durch ein Gedicht von Heinrich Heine (1797–1856).

www.klexikon.zum.de/wiki/rhein

Entstehung des Durchbruchstales am Mittelrhein

Vor etwa 50 Millionen Jahren wurde das noch wellige und breite Gebiet durch erdinnere Kräfte langsam emporgehoben.
Der Rhein schnitt sich dabei in Millionen von Jahren in das Gebirge ein.

Durch das Einschneiden des Rheins in das aufsteigende Gebirge entstand ein Tal, welches **Durchbruchstal** genannt wird. Auch die Elbe hat ein solches Tal im Elbsandsteingebirge geschaffen (vgl. S. 87).

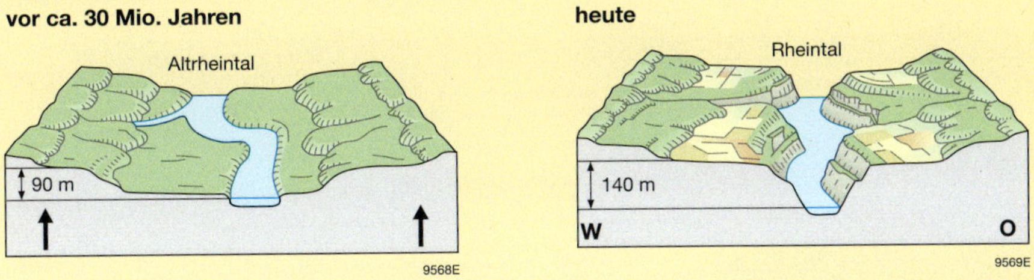

M5 *Entstehung des Durchbruchstales*

Entstehung des Schichtstufenlandes

An die Randgebirge des Oberrheingrabens schließt sich eine besondere Form des Mittelgebirgslandes an, das Süddeutsche Schichtstufenland. Entstanden ist es im Zusammenhang mit der Herausbildung des Oberrheingrabens. Die Gesteinsschichten beiderseits des Grabens wurden damals schräggestellt.
Da das Stufenland aus harten und weichen Gesteinen besteht, wurden sie in nachfolgenden Jahrmillionen unterschiedlich stark abgetragen. So entstand die heute in der Landschaft zu erkennende Naturtreppe, das Süddeutsche Schichtstufenland. In seinem Untergrund sind viele Höhlen, sogenannte Tropfsteinhöhlen, zu finden.

M6 *Schwäbische Alb bei Reutlingen*

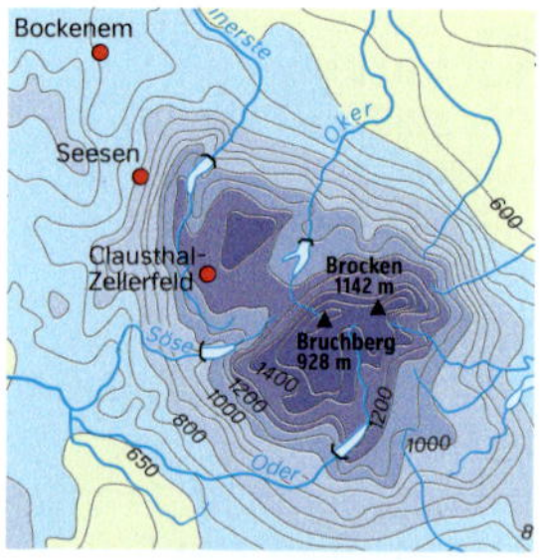

M1 *Niederschlagsverteilung im Oberharz*

Je höher, desto ...

Bei der Planung einer Urlaubsreise in ein Mittelgebirge wie den Harz musst du dir überlegen, was alles in dein Gepäck gehört. Auch im Sommer dürfen festes Schuhwerk, Pullover und besonders eine Regenjacke nicht fehlen. Warum?
Ein Blick auf Temperatur- und Niederschlagskarten zeigt, dass es in den Gebirgen mit zunehmender Höhe immer kälter und regenreicher wird. Sie ragen klimatisch wie eine Insel aus ihrer Umgebung heraus. Es fallen aber nicht überall gleich hohe Niederschläge. Der Westen wird meist stärker beregnet als der Osten.

Bei uns in Mitteleuropa wehen die Winde überwiegend aus westlicher Richtung. Vom Atlantik bringen sie feuchte Luftmassen mit. Vor Gebirgen müssen sie aufsteigen. Dabei kühlt sich die Luft ab. Es bilden sich Wolken. Aus ihnen fällt auf der Westseite (Luv-Seite) starker Regen, der Steigungsregen genannt wird.
Nachdem die Luftmassen die größten Höhen überwunden haben, sinken sie wieder ab. Dabei erwärmen sie sich. Die Wolken lösen sich auf. Es regnet deshalb selten. Man sagt, die östlichen Gebiete liegen im Regenschatten (Lee-Seite).

Geofaktor
auch Naturfaktor genannt; dazu gehören Relief, Klima, Vegetation, Wasser, Boden

Harz – „Waldland“

Bis ins Mittelalter wurde das Mittelgebirge „Hart“ genannt, was Bergwald bedeutet. Noch heute wachsen hier verschiedene Baumarten. In den unteren Lagen des Harzes herrscht der Buchenwald vor. Mit zunehmender Höhe wandelt er sich in einen Buchen-Fichten-Mischwald. In größeren Höhen überwiegt die anpassungsfähige Bergfichte. Der Gipfel ist waldlos, da kein Baum dem rauen Klima standhalten kann.

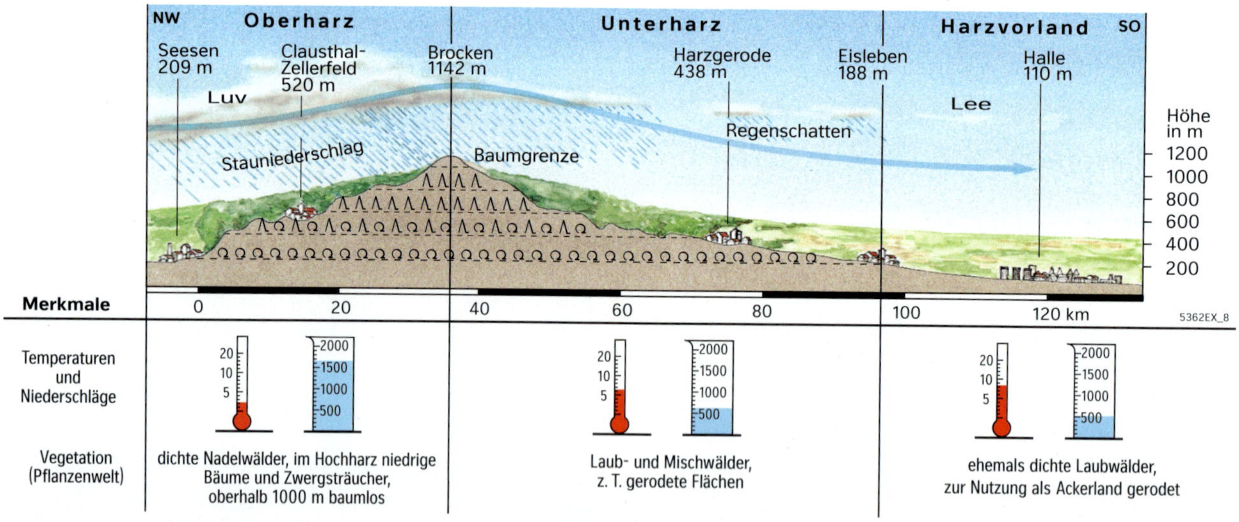

M2 *Der Harz – Zusammenhang zwischen Relief, Klima und Vegetation*

1. Ergänze die Überschrift „Je höher, desto ...“. Nutze dazu Text und M2.
2. Halle liegt im Regenschatten des Harzes. Erkläre.
3. Erläutere, weshalb Gebirge auch als Wasserspeicher bezeichnet werden.
4. Berichte über die Aufgaben einer Talsperre (M3).

100800-075 schueler.diercke.de

Der Harz als Wasserspeicher

Die ungleiche Verteilung der Niederschläge verursacht unterschiedliche Probleme in den betroffenen Regionen. Es besteht Hochwassergefahr in Wasserüberschussgebieten. Dagegen gibt es in Wassermangelgebieten Probleme mit der Wasserversorgung für Menschen, Landwirtschaft und Industrie. Viele Jahrhunderte konnten die Menschen diese Probleme nicht lösen. Erst im letzten Jahrhundert ermöglichte der technische Fortschritt den Bau von Staumauern und Talsperren.

Gebirge bieten mit ihren Tälern günstige Voraussetzungen zum Bau von Talsperren und Anlegen von Stauseen.
Bei Hochwasser dienen Talsperren als Sammelbecken für das viele Wasser und verhindern dadurch das unkontrollierte Abfließen. Aber auch der Wassermangel in einigen Regionen konnte durch Talsperren verringert werden. Über Rohrleitungen wird das Wasser zum Teil über sehr weite Strecken in diese Gebiete gebracht.

www.talsperren-lsa.de/

M3 *Der Harz – Trinkwasserquelle der Region*

Land unter im Harz

Unwetterartiger Dauerregen hat im Harz und dessen Vorland für steigende Pegelstände und Überschwemmungen gesorgt. Bäche und kleinere Flüsse traten über die Ufer. Bei Wernigerode lief zeitweise sogar die Zillierbach-Talsperre über. Pro Sekunde flossen circa 1,5 Kubikmeter Wasser über die Staumauer.

M4 *Hochwasser – Zeitungsmeldung*

Aufgestaute Seen

Das Bodewerk umfasst ein ganzes System von Staumauern und Stauseen. Die höchste Staumauer Deutschlands ist seit 1959 die Rappbode-Talsperre. Sie ist 106 m hoch, 416 m lang und 12 m breit. Der 8 km lange Stausee fasst 113 Mio. m^3 Wasser. Er gibt jährlich 80 Mio. m^3 Trinkwasser ab.

M5 *Rappbode-Talsperre*

Der Brocken
Er ist mit 1142 m der höchste Berg im Harz. Du kannst ihn zu Fuß, per Mountainbike, Pferdewagen oder Eisenbahn erobern. An klaren Tagen hast du Sicht bis nach Magdeburg. Auf der Gipfelfläche befinden sich ein Museum, eine Wetterstation, der Brockengarten, ein Hotel und Gaststätten.

Urlaub im Harz

Der Harz ist ein beliebtes Fremdenverkehrsgebiet. Die waldreiche Berglandschaft lockt jedes Jahr viele Besucher in das nördlichste Mittelgebirge Deutschlands. Für Wanderer ist der Harz ideal. Um die einzigartige Landschaft mit Wäldern, Mooren und Bächen langfristig erhalten zu können und trotzdem für den Tourismus zugänglich zu machen, wurde im Jahr 2006 der „Nationalpark Harz" gegründet. Doch nicht nur um auf Wanderungen die Natur zu erkunden, kommen die Besucher in den Harz.

Für viele sportliche Aktivitäten wie Radfahren, Klettern, Sommerrodeln, Kanufahren oder Wintersport bietet der Harz gute Möglichkeiten. Zu den Touristenattraktionen zählen außerdem die stillgelegten Bergwerke.

Besondere Erlebnisse bieten ein Gang über die Hängebrücke und ein Flug über die größte Doppelseilrutsche Europas an der Rappbode-Staumauer (S. 77, M5). Verschiedene Baudenkmäler in Goslar und Quedlinburg gehören zum Kulturerbe der Menschheit.

M1 *Brockenbahn*

M3 *Weltkulturerbestadt Quedlinburg*

M2 *Hängebrücke an der Rappbode-Talsperre (483 Meter lang, 100 Meter über dem Talboden)*

1. Plane einen Urlaub im Harz. Trage Möglichkeiten für Unternehmungen zusammen.
2. Informiere dich über den Brocken und über die Touristenattraktion „Harzdrenalin" (Internet).

M3 *Formen im Elbsandsteingebirge*

Am Oberlauf – das Elbsandsteingebirge

Die Elbe entspringt im tschechischen Riesengebirge in der Nähe von Spindlermühle. Nördlich von Děčín erreicht sie deutschen Boden und durchfließt das Elbsandsteingebirge. Ein Teil davon wird Sächsische Schweiz genannt und ist ein beliebtes Touristenzentrum.

Sarah ist mit ihren Eltern auf Tour durch die Sächsische Schweiz.

Sie möchte wissen, warum dieser Teil des Elbsandsteingebirges so heißt. Er erhielt seinen Namen vor etwa 200 Jahren von zwei Schweizer Kunststudenten. Die wild zerklüfteten Berge erinnerten sie an ihre Heimat.

Mit seinen einzelnen, hoch aufragenden Felsen sieht es hier ganz anders aus als in den meisten anderen Mittelgebirgen. Vor 100 Mio. Jahren war das Elbsandsteingebirge noch eine Sandsteinebene. Wind und Wasser haben das weiche Gestein im Laufe der Zeit abgetragen und mehrere ebene Flächen, die „Ebenheiten", gebildet. Nur besonders harte Felsblöcke sind nach Jahrmillionen dauernder Abtragung stehengeblieben. Sie bilden jetzt die Tafelberge. Die Elbe und ihre Nebenflüsse haben sich während der Heraushebung des Gebirges stark eingeschnitten. So sind die engen und tiefen Täler entstanden.

M5 *Lage des Elbsandsteingebirges*

M4 *Blick auf das Elbtal an der Bastei*

www.saechsische-schweiz.de/region/highlights.html

www.youtube.com (→Urlaub im Elbsandsteingebirge)

2 Beschreibe die Oberflächenformen des Elbsandsteingebirges.

3 Informiere dich über touristische Ziele im Elbsandsteingebirge.

Am Mittellauf – Natur, Städte und Industrie

Biosphärenreservat Flusslandschaft Elbe
- einzigartige Naturlandschaft entlang des ca. 400 Kilometer langen Mittellaufs der Elbe
- Paradies für viele bedrohte Tiere und Pflanzen
- am Mittellauf auch kleinere und größere Orte, Industriebetriebe, Hafenanlagen und historische Stätten

(www.flusslandschaft-elbe.de)

Magdeburger Hafen
- größter Binnenhafen Ostdeutschlands
- wichtiger Standort zahlreicher Logistikunternehmen

(www.magdeburg-hafen.de)

Lutherstadt Wittenberg
- weltbekanntes Touristenziel
- Stickstoffchemie in Piesteritz; Spezialfahrzeuge für Straße, Schiene

(www.lutherstadt-wittenberg.de)

Pretziener Wehr
- Teil des Deichsystems an der Elbe
- Öffnung nur bei starkem Hochwasser, Wasserabfluss dann über 18 Kilometer langen Umflutkanal um die Städte Schönebeck und Magdeburg

(www.pretziener-wehr.de)

M1 *UNESCO-Biosphärenreservat Flusslandschaft Elbe*

Gartenreich Dessau-Wörlitz
- Wörlitzer Park – berühmter Landschaftspark, in Elbaue gelegen
- umgibt Sommerresidenz des ehemaligen Fürsten von Anhalt-Dessau
- Weltkulturerbe, jährlich Tausende Besucher

(www.luther-bauhaus-gartenreich.de)

1. Beschreibe Leben und Wirtschaften am Mittellauf der Elbe anhand der aufgeführten Beispiele.
2. Suche weitere Informationen mithilfe der angegebenen Internetadressen.

M2 *Wehr Geesthacht mit Fischtreppe*

M4 *Nord-Ostsee-Kanal*

M3 *Kreuzfahrtschiff auf Höhe der Kugelbake*

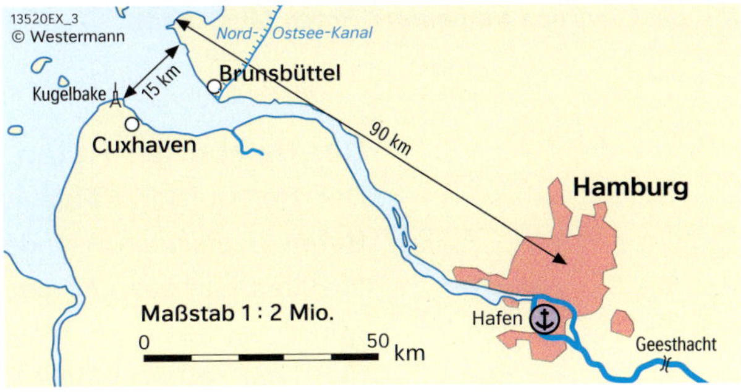

M5 *Trichtermündung der Elbe*

Am Unterlauf – an der Elbmündung

Auf Erkundungstour: Wir fahren mit einem Frachtschiff vom Magdeburger Hafen bis zum Wehr nach Geesthacht in Niedersachsen. Von hier aus wollen wir auf dem Elberadweg die Gegend erkunden. Drei Haltepunkte sind auf der Tour vorgesehen:

www.elberadweg.de

Das Wehr Geesthacht: Der Unterlauf der Elbe wird durch die Gezeiten beeinflusst. Über eine Stauanlage, ein Wehr, ist ein kontrollierter Wasserabfluss möglich (M2). Frachter nach Hamburg, beladen zum Beispiel mit Baustoffen, Getreide oder Kohle, aber auch Sportboote, nehmen die Schleuse bei Geesthacht.

Der Nord-Ostsee-Kanal: Die nahezu 100 km lange, künstliche Wasserstraße verbindet seit 1895 die Nordsee mit der Ostsee. Der Kanal hat immer den gleichen Wasserstand, da sich an seinen Endpunkten Schleusen befinden. Sie gleichen die durch die Gezeiten wechselnden Wasserstände der Elbe aus.

Die Elbmündung: Die Kugelbake markiert den geographischen Punkt, an dem die Elbe endet. Die Mündungsform wird **Trichtermündung** genannt. Entstanden ist sie durch die Gezeiten. Bei Flut dringt das Meerwasser bis nach Hamburg vor, bei Ebbe fließt es mit dem Elbwasser in umgekehrter Richtung ab.

3 Suche die Haltepunkte am Elbradweg im Atlas auf.

4 Erläutere die Wirkung der Gezeiten an der Mündung der Elbe.

M1 *Blick auf den Hamburger Hafen (Ausschnitt)*

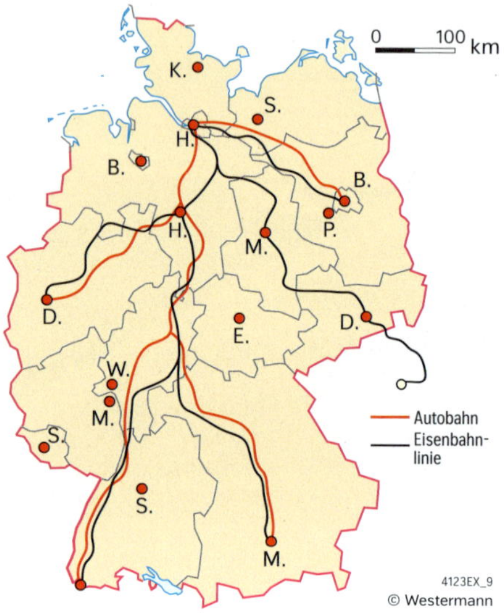

M4 *Hamburg und seine Verbindungen ins Hinterland*

www.hafen-hamburg.de

Der Hamburger Hafen – „Tor zur Welt"

Der Hamburger Hafen ist der größte **Hafen** Deutschlands und der drittgrößte Hafen Europas. Millionen Tonnen von Gütern werden dort jährlich umgeschlagen (aus- oder eingeladen). Im Hafen werden verschiedene Arten von Gütern gelöscht (entladen): Stückgut wie Maschinen, Kaffee oder Bananen wird meist in Containern, Kisten und Säcken transportiert.

Massengut wie Getreide, Holzschnitzel, Erdöl und Kohle wird ohne Verpackung transportiert.

Nur eine Stunde Aufenthalt im Hafen kostet Tausende Euro. Um die teure Liegezeit der Schiffe im Hafen zu verkürzen, werden moderne Umschlagtechniken verwendet. So können zum Beispiel über 1000 Tonnen pro Stunde aus den Laderäumen der Schiffe gelöscht werden. Containerschiffe werden automatisch durch riesige Kräne auf Schienen be- und entladen.

Der Weitertransport der Waren erfolgt durch Bahn, Lkw oder Binnenschiff über die an Hamburg angeschlossenen Schienen, Straßen und Kanäle.

M2 *Löschen von Bananenkisten*

M3 *Löschen von Holzschnitzeln*

M5 *Containerterminal*

1. Erkläre, weshalb der Hamburger Hafen eine „Drehscheibe des Verkehrs" ist.

2. Lies den Text zur Rundfahrt durch den Hamburger Hafen. Nutze dazu die Schrittfolge.

100800-034
schueler.diercke.de

So gehst du vor

1. Überfliege zuerst den Text, um dir einen Überblick zu verschaffen.
2. Lies dir den Text genau durch. Unterstreiche unbekannte Wörter und schlage sie im Duden oder im Fremdwörterbuch nach.
3. Markiere mit einem Textmarker oder mit Bleistift und Lineal die wesentlichen Aussagen des Textes.
4. Gliedere beim genauen Lesen den Text in Sinnabschnitte. Formuliere für jeden Abschnitt eine Überschrift.
5. Formuliere mit eigenen Worten die Hauptaussagen des Textes und notiere sie.
6. Du kannst auch zum Inhalt des Textes ein Bild oder eine Mental Map zeichnen.

Auf Hafenrundfahrt mit Kapitän Hansen

Willkommen an Bord der Barkasse „Elbestrom“. Wir legen jetzt von den Landungsbrücken ab und gehen auf unsere zweistündige Tour durch den Hamburger Hafen. Zuerst fahren wir in die riesigen Containerterminals ein. Hier kommen wir den Giganten der Meere aus aller Welt sehr nahe. Sie sind mitunter mehr als 400 m lang.
Jetzt schippern wir an den beiden Kreuzfahrtterminals vorbei. An ihnen gehen luxuriöse Kreuzfahrtschiffe der Reedereien AIDA, MeinSchiff, MSC usw. vor Anker.
Nach einer Fahrt durch zahlreiche Hafenbecken nähern wir uns nun einem imposanten Gebäudekomplex aus rotem Backstein, der Speicherstadt. Mit unserer flachen Barkasse können wir die zahlreichen Brücken passieren und so durch die vielen alten Wasserstraßen des größten historischen Lagerhauskomplexes der Welt fahren. Nun gelangen wir in den neuen Stadtteil, die Hafencity. Hier entstehen Tausende moderne Wohnungen und Arbeitsplätze. Die Elbphilharmonie ist seit 2017 ein bekanntes Wahrzeichen. Zum Schluss schippern wir in die Welt des Musicals. In diesem gelben Zelt wird der „König der Löwen“ aufgeführt, gleich nebenan das Musical „Pretty Woman“.
Wir legen nun wieder an den Landungsbrücken an. Die Hafenrundfahrt hat Ihnen hoffentlich gefallen. Ahoi!

M8 *Kapitän Hansen fährt mit einem kleinen Schiff Touristen durch den Hamburger Hafen.*

M6 *Elbphilharmonie*

M7 *Landungsbrücken im Hamburger Hafen*

1. Kreuzworträtsel

Löse das Rätsel. Nenne das Lösungswort.

1. Wind ab Stärke 12
2. größte deutsche Insel
3. Ostseeinsel
4. Land, das bei Ebbe „trockenfällt"
5. eine der Gezeiten
6. vom Land fast völlig umschlossenes Meer
7. Hafenstadt an der Ostsee
8. Hauptstadt von Mecklenburg-Vorpommern
9. Tor zur Welt an der Elbe
10. eine der Gezeiten
11. größtes Binnenmeer Europas
12. Vorgang an der Nordseeküste

2. Inseln erkennen

Benenne die Inseln und beschreibe ihre Lage.

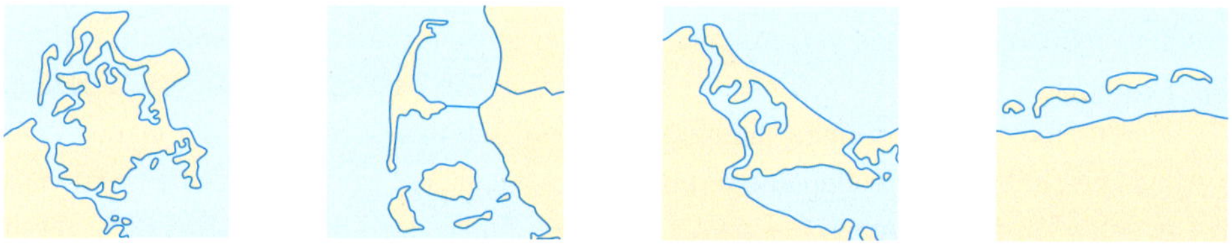

3. Gebirgspuzzle

Setze Gebirgsnamen zusammen und beschreibe ihre Lage.

4. Fehlersuche

Finde den jeweils nicht dazu passenden Begriff.

a) Merkmale der Oberflächen: abgerundete Berge, Hochflächen, Täler, Granitfelsen, Gletscher
b) Talsperren: Energieerzeugung, Hochwasserschutz, Trinkwassergewinnung, Erholung, Brandung
c) Klima: Lee, Steigungsregen, Regenschatten, Baumgrenze, Luv

5. Experiment

Führt ein Experiment im Sandkasten zur Entstehung von Flüssen und Tälern durch. Nutzt dazu eine Gießkanne mit und ohne Aufsatz/Sprüher bzw. einen Gartenschlauch mit und ohne Düse/Brause.

- Gießt das Wasser mit unterschiedlicher Strahlkraft und -breite über den Sandberg.
- Beobachtet die Bewegungen des Sandes. Vergleicht die entstandenen Formen beim Gießen mit und ohne Aufsatz. Fertigt ein Beobachtungsprotokoll an.
- Zieht Schlussfolgerungen für die Entstehung von Flüssen und Tälern in der Natur.

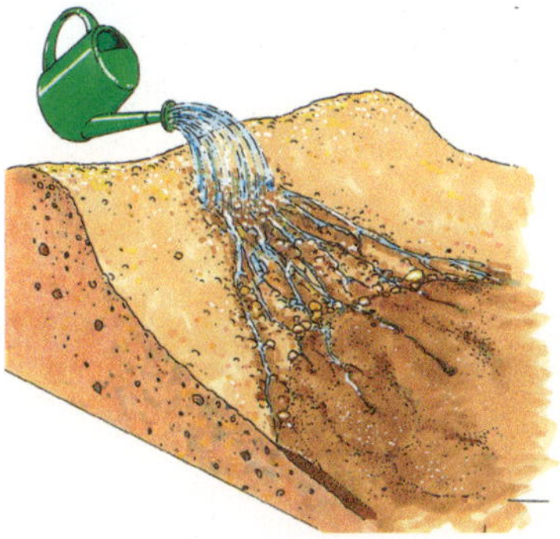

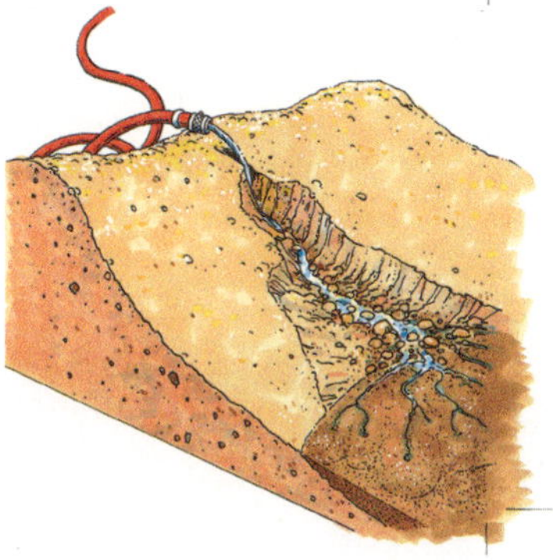

Kompetenz-Check

Hier sind die Kompetenzen aufgeführt, die du in diesem Kapitel erwerben konntest. Schätze deinen erreichten Stand der Kompetenzentwicklung selbst ein:

☺ sehr gut ☺ gut 😐 befriedigend ☹ mangelhaft

Ich kann ...	sehr gut	gut	befriedigend	mangelhaft	Noch unsicher? Schlage nach auf S. ...
... die Vielfalt des Norddeutschen Tieflandes beschreiben.					56–57
... Küstenformen und Küstenarten an Nord- und Ostsee vergleichen und die Notwendigkeit des Küstenschutzes begründen.					58–61
... einfache Profilskizzen lesen und selbst anfertigen.					61
... Merkmale der Gezeiten und ihre Folgen erläutern.					62–63
... Möglichkeiten für einen Urlaub an den Küsten aufzeigen.					64–68
... ein Bild unter Nutzung einer Schrittfolge beschreiben.					69
... die landschaftliche Vielfalt des Mittelgebirgsraumes beschreiben und Merkmale von Mittelgebirgen erläutern.					70–71
... die Entstehung eines Bruchschollengebirges, Grabenbruchs und Durchbruchstales darstellen.					72–75
... einfache Zusammenhänge zwischen den Geofaktoren Relief, Klima, Wasser und Vegetation veranschaulichen.					76–77, 83
... die Vielfalt einer touristischen Nutzung erläutern.					78–82
... mich mit Interessenkonflikten bei der Nutzung des Mittelgebirgsraumes mithilfe eines Rollenspiels auseinandersetzen.					82
... den Verlauf von Flüssen von der Quelle zur Mündung gliedern.					84
... die Elbe als Lebens- und Wirtschaftsraum analysieren, dabei einen Sachtext lesen.					86–91

4 Agrar- und Industrieräume im Wandel

Landwirtschaft im Überblick 96

Ackerbau in den Börden 100

GeoMethode: Ein Bodenprofil lesen 101

Weitere Formen der Landwirtschaft 104

Dörfer im Wandel 110

Industrie im Überblick 112

GeoMethode: Einen Verdichtungsraum analysieren 115

Ruhrgebiet im Strukturwandel 116

GeoMethode: Tabellen und Diagramme lesen 119

Weitere Verdichtungsräume 120

Leben in der Stadt 128

GeoMethode: Den Heimatraum erkunden 130

GeoMethode: Eine Zukunftswerkstatt durchführen 131

GeoKompetenzen 132

In diesem Kapitel erwirbst du folgende Kompetenzen und wendest diese an:

- die vielfältige wirtschaftliche Nutzung Deutschlands nachweisen,
- die Bedeutung der Landwirtschaft beschreiben,
- die unterschiedliche Nutzung von Agrarräumen und Veränderungen erläutern,
- ein Bodenprofil lesen,
- die Bedeutung der Industrie erläutern,
- einen Verdichtungsraum analysieren, dabei Tabellen und Diagramme lesen,
- das Leben auf dem Dorf mit dem in der Stadt vergleichen,
- deinen Heimatraum unter einer Fragestellung erkunden.

M1 *Mähdrescher im Weizenfeld*
M2 *Industriegebiet Ludwigshafen am Rhein*

ⓘ Wirtschaft
Unter dem Begriff Wirtschaft werden alle Tätigkeiten der Menschen zur Herstellung, Beschaffung und Verwendung von Produkten (Gütern) und Dienstleistungen zusammengefasst.

Landwirtschaft – ein Wirtschaftsbereich

Jeden Tag wird der Begriff Wirtschaft entweder in der Zeitung oder in den Nachrichten verwendet. Hast du dir schon einmal überlegt, was er bedeutet und was alles dazugehört?

Die Landwirtschaft ist die früheste Form der wirtschaftlichen Tätigkeit des Menschen. Neben dem Ackerbau gehört auch die Viehwirtschaft zu diesem **Wirtschaftsbereich**.

Zum zweiten Wirtschaftsbereich gehören Handwerk/Gewerbe, Industrie und Bauwirtschaft. Hier werden Rohstoffe und Halbfabrikate zu Industrieprodukten verarbeitet.

Der dritte Bereich der Wirtschaft ist der Dienstleistungsbereich. Dieser Bereich umfasst alles, was die Versorgung der Menschen mit Gütern und Dienstleistungen wie Handel, Bildung und Betreuung betrifft.

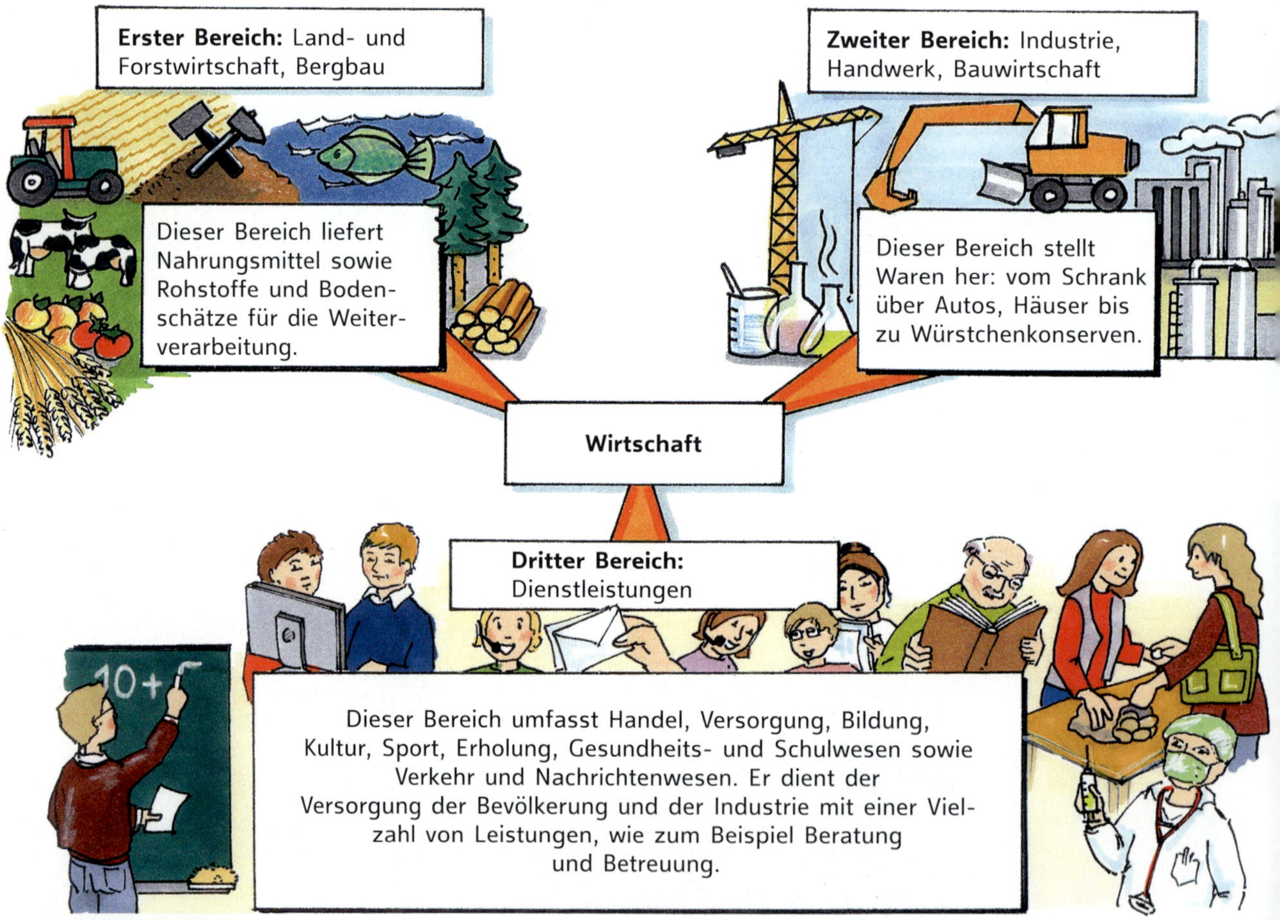

M1 *Wirtschaftsbereiche*

1. Beschreibe die Bereiche der Wirtschaft (M1). Ordne ihnen Berufe zu.
2. Nenne Betriebe und Wirtschaftsunternehmen deines Heimatortes. Ordne auch sie den Wirtschaftsbereichen zu.

Bedeutung der Landwirtschaft

In Deutschland sind jeden Tag mehr als 80 Millionen Menschen mit Nahrungsmitteln zu versorgen. Sie müssen von der **Landwirtschaft** und Nahrungsmittelindustrie in Deutschland und anderen Ländern der Erde erzeugt werden.
Die meisten von uns verzehrten Lebensmittel sind pflanzlichen und tierischen Ursprungs. So zum Beispiel Produkte wie Getreide, Gemüse und Kartoffeln oder Milch, Käse und Fleisch. Die Nahrungsmittel gelangen aber in der Regel nicht direkt von den Feldern oder aus den Ställen zu den Verbrauchern. Sie werden in Betrieben der Nahrungsmittelindustrie hergestellt. Viele landwirtschaftliche Erzeugnisse dienen überhaupt nicht der Ernährung. Das aus Raps gewonnene Öl findet als Bestandteil von Biokraftstoff für Autos Verwendung. Aus Maiskörnern wird nicht nur Popcorn, sondern auch Verpackungsmaterial hergestellt. Und selbst der Mist aus den Viehställen wird in Biogasanlagen zur Energieerzeugung genutzt. So versorgen die Landwirte heute die Bevölkerung mit Lebensmitteln und daneben die Industrie mit nachwachsenden Rohstoffen.

Aufgaben der Landwirtschaft

- Nahrungsmittel herstellen
- nachwachsende Rohstoffe für die Industrie bereitstellen
- Landschaftsgestaltung und Landschaftspflege betreiben
- Erholungsmöglichkeiten schaffen

M2 *Milch – vom Erzeuger zum Verbraucher*

M3 *Im Supermarkt*

M4 *Biogasanlage*

3 Landwirtschaftliche Produkte dienen nicht nur der Ernährung der Bevölkerung. Erkläre.

4 Erkunde zu Hause Nahrungsmittel. Nenne mindestens fünf, die in Deutschland hergestellt wurden.

Abhängigkeit vom Naturraum

Nicht alle Gebiete in Deutschland eignen sich gleich gut für die Landwirtschaft. Der Anbau von Nutzpflanzen und die Viehwirtschaft stellen unterschiedliche Anforderungen an die natürlichen Voraussetzungen Klima, Boden und Relief.

Die Landwirte in den verschiedenen Regionen Deutschlands wissen genau, welche Form der Landwirtschaft sie betreiben können (M2).

Düngung, Bewässerung und Nutzung von Treibhäusern verringern die Abhängigkeit von den Naturfaktoren.

Durch den Einsatz moderner Kühltechnik und den schnellen Gütertransport mit Lkws gelangen Frischprodukte über große Entfernungen vom Erzeuger zum Verbraucher. Jedoch werden immer stärker Produkte aus der Region nachgefragt.

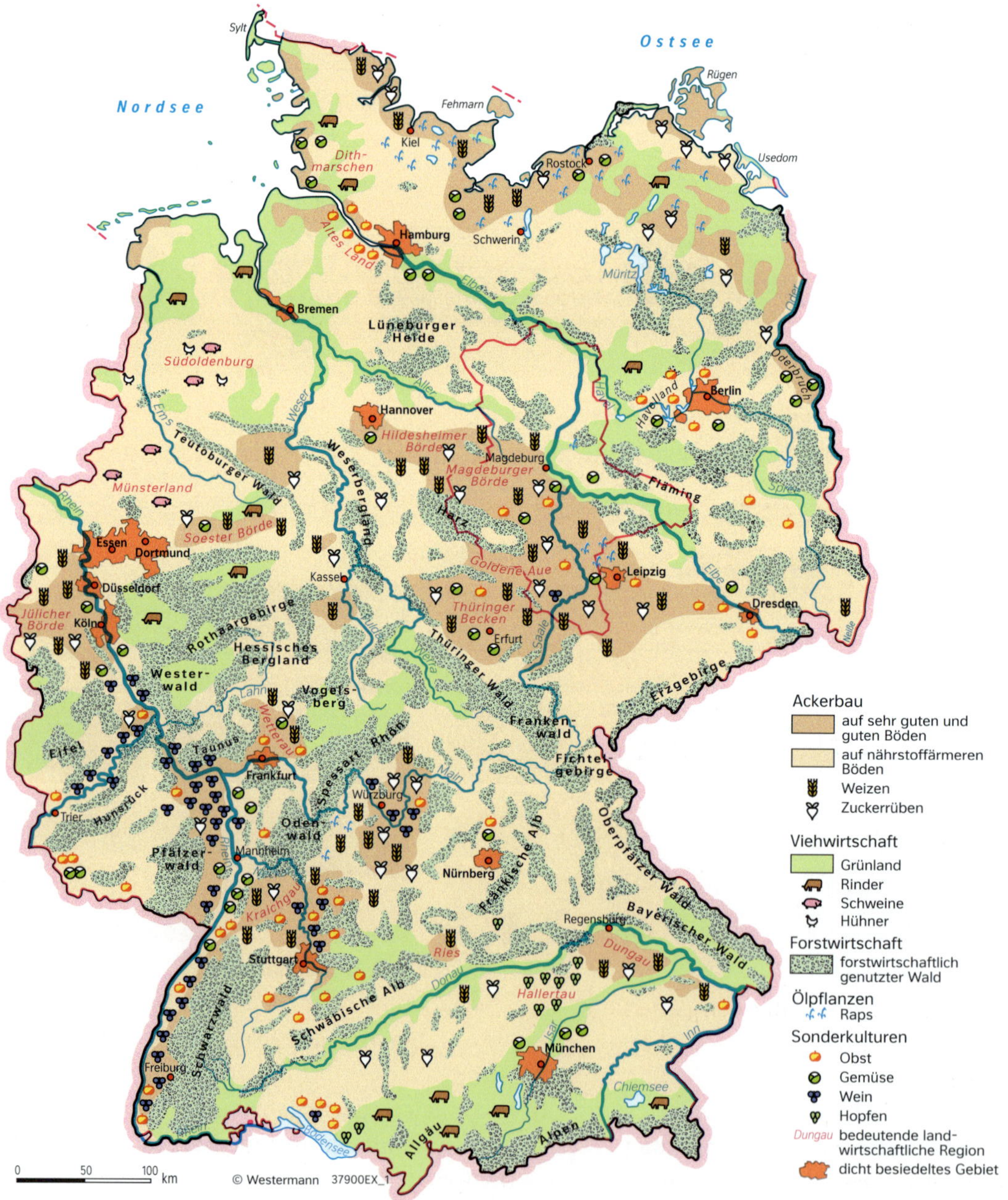

M1 *Deutschland – landwirtschaftliche Nutzung (Auswahl)*

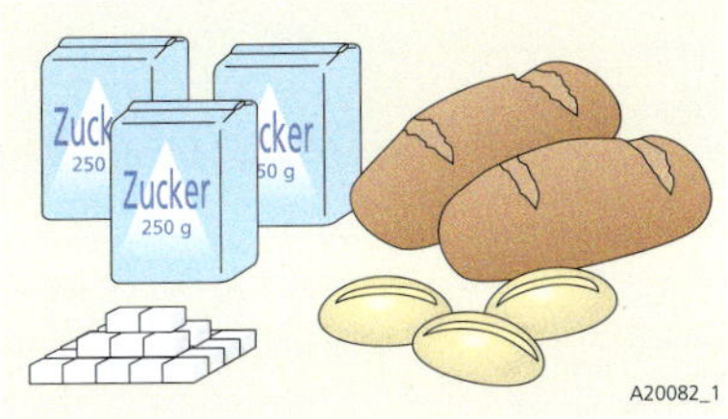

Dort, wo der Boden fruchtbar genug ist, betreiben die Landwirte Ackerbau. Sie bauen in den besonders fruchtbaren Regionen zum Beispiel Zuckerrüben und Weizen an. Das sieht man in den norddeutschen Börden und in einigen Teilen Süddeutschlands.

In den Flusstälern und in anderen Gebieten mit warmem und regenarmem Klima werden Wein und auch Obst angebaut. Sie würden in kühlen und feuchten Regionen nur schlecht gedeihen.

Wo die Niederschläge hoch sind und die Böden nährstoffarm, findet man Wiesen und Weiden. Dort grasen Rinder und Schafe. Das ist zum Beispiel im Hinterland der Küste, in den Mittelgebirgen und an den Hängen des Hochgebirges der Fall.

Viele Gebiete lassen sich weder durch Ackerbau noch durch Weidewirtschaft nutzen. Größtenteils wächst hier Wald. Auch er kann wirtschaftlich genutzt werden: Das Holz von gefällten Bäumen wird verkauft. Auf den freien Flächen werden wieder junge Bäume gepflanzt.

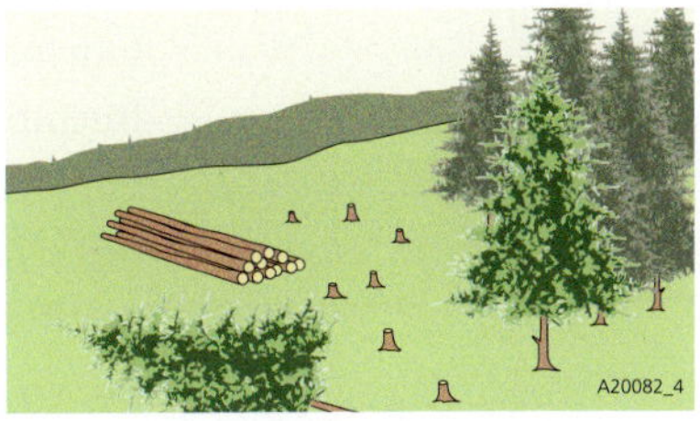

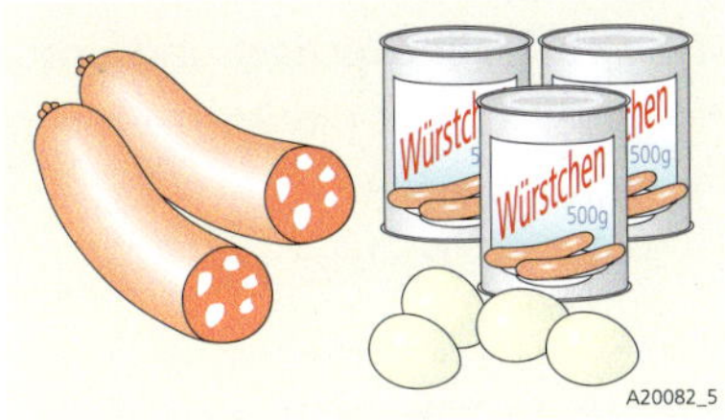

Massentierhaltung von Schweinen und Hühnern kann überall in Deutschland betrieben werden. Sie ist vom Boden und vom Klima unabhängig. Große Ställe kann man fast überall errichten. Das Futter für die Tiere wird oft von weit her angeliefert. Dennoch gibt es Regionen mit besonders viel Massentierhaltung, zum Beispiel in Niedersachsen.

Obst und Gemüse werden häufig auch in der Nähe großer Städte angebaut. So können die Menschen jeden Tag frische Ware kaufen. In Gewächshäusern ist der Anbau überall möglich. Die Glashäuser werden künstlich beheizt und auch bewässert.

M2 *Das Tiefland, die Mittelgebirge und das Hochgebirge werden sehr unterschiedlich genutzt.*

1. Erläutere, weshalb Gebirgsräume für den Ackerbau kaum geeignet sind.

2. Beschreibe, wie Sachsen-Anhalt landwirtschaftlich genutzt wird (M1, Atlas).

3. „Tosb und Eniw“ werden oft an den „Hägnen“ von Flüssen angebaut.
   a) Hoppla! Da ist etwas durcheinandergeraten. Berichtige den Satz.
   b) Nenne für die Aussage zwei Beispiele aus der Karte M1.

Löss
Vom Wind angewehtes, feines gelbliches bis bräunliches Gesteinsmehl. Löss ist locker und kann die Niederschläge gut speichern.

Schwarzerde
In der oberen Schicht des Löss entstand im Laufe der Zeit durch abgestorbene Pflanzen und kleine Lebewesen nährstoffreicher Humus. Der Boden aus Löss und Humus wird Schwarzerde genannt.

M2 *Zuckerrübenernte*

Voraussetzung für den Ackerbau

Börden sind sehr fruchtbare Landschaften (niederdeutsch: bören = ertragreich, fruchtbar sein). Sie liegen zwischen Norddeutschem Tiefland und den Mittelgebirgen. Nahezu wie ein Band erstrecken sich die Börden vom Westen im Rheingebiet bis nach Osten in Sachsen. Hier herrscht die nährstoffreiche **Schwarzerde** vor, die sich seit dem Ende der Eiszeit auf Löss entwickelte (Info-Box).

Die Börden gehören zu den ältesten Siedlungsgebieten. Sie bieten für den Ackerbau beste Bedingungen. Durch die guten Böden und klimatischen Verhältnisse gedeihen hier anspruchsvolle Pflanzen. Vor allem Weizen und Zuckerrüben können angebaut werden. Dies geschieht zumeist durch Fruchtwechsel und unter Düngerzugabe. So soll die Bodenfruchtbarkeit erhalten bleiben.

M1 *Weizenanbau*

„Wir haben einen Hof in der Magdeburger Börde.
Auf den Feldern bauen wir Zuckerrüben und Weizen an. Diese Pflanzen brauchen viel Wasser und viele Nährstoffe. Nur dann fällt die Ernte gut aus. Die Börde bietet diese guten Voraussetzungen: Der Boden besteht aus Löss. Dieser ist fein wie Mehl und enthält keine Steine. Er ist fruchtbar und saugt den Regen auf wie ein Schwamm. Die Feuchtigkeit gibt der Boden nach und nach wieder an die Pflanzen ab.
Der Lössboden wird schnell warm, wenn die Sonne scheint. Er wirkt dann wie eine Fußbodenheizung für die Pflanzen."

M3 *Bericht eines Landwirts*

1. Nenne Bördelandschaften und beschreibe ihre Lage (S. 98, M1).
2. Börden sind sehr gut für eine landwirtschaftliche Nutzung geeignet. Erkläre.
3. Ermittle, welcher Boden in deinem Heimatgebiet vorkommt.
4. Beschreibe das Bodenprofil der Schwarzerde (M7). Nutze dazu die Schrittfolge.

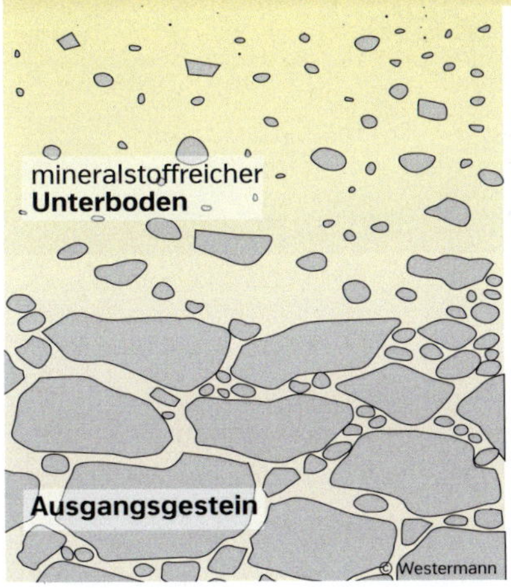

M4 *Bodenprofil*

M5 *Bodenarten (links Sand; rechts Ton)*

So gehst du vor

1. Nenne die Anzahl der Bodenhorizonte.
2. Miss ihre Mächtigkeit (Tiefe).
3. Beschreibe die Bodenhorizonte, zum Beispiel ihre Farbe, Durchsetzung mit Wurzeln, vorhandene Kleintiere, Feuchtigkeit, Korngröße.

In den Boden geschaut

Nicht alle Pflanzen wachsen auf allen Böden gleich gut. Um hohe Erträge erzielen zu können, müssen die Landwirte, Gärtner und Kleingärtner den von ihnen bewirtschafteten Boden ganz genau kennen. Erfahrene Bauern können die Art des Bodens und seine Qualität bereits bestimmen, indem sie etwas Boden in die Hand nehmen und die Krumen zwischen den Fingern zerreiben: Sandboden zum Beispiel knirscht zwischen den Fingern. Tonboden hingegen fühlt sich im trockenen Zustand hart und glatt, bei Nässe aber glitschig an.

In Baugruben kannst du sogar ganz tief in den Boden hineinschauen. Du erkennst unterschiedlich gefärbte Bodenschichten (auch Horizonte genannt), die zusammen ein Bodenprofil ergeben (M4, M6).

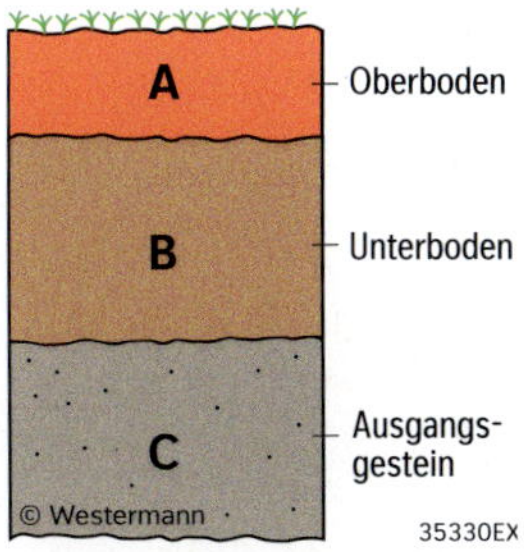

M6 *Das Bodenprofil besteht aus den Bodenhorizonten A, B und C.*

M7 *Bodenprofil der Schwarzerde. Bei einem Schnitt durch den Boden kann man verschiedene Schichten sehen, vom Ausgangsgestein unten bis zur Humusschicht ganz oben. Böden haben vielfältige Aufgaben.*

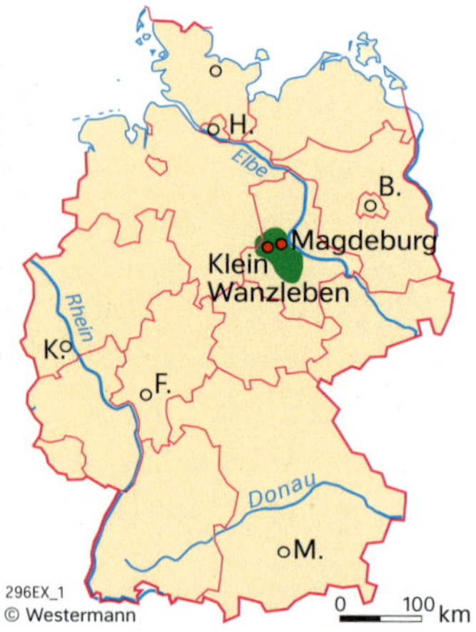

M1 *Lage der Magdeburger Börde in Deutschland*

M2 *Zuckerfabrik Klein Wanzleben*

Zucker in Lebensmitteln

Angegeben in Stück Würfelzucker:

1 Glas Cola (0,2 l)	7
100 g Ketschup	11
125 g Kinderschokolade	13
100 g Gummibärchen	17

Zuckerrüben aus der Magdeburger Börde

Die Magdeburger Börde gehört zu den ertragreichsten Anbaugebieten Deutschlands. Der gute Boden, Schwarzerde auf Löss, ermöglicht den Anbau anspruchsvoller Pflanzen wie Weizen, Gerste und vor allem Zuckerrüben.

Der Anbau der Zuckerrübe

Die Zuckerrübenaussaat beginnt im April. Die Pflanzen brauchen etwa sechs Monate lang ein mildes Klima mit viel Sonne, besonders im Herbst.

Sie benötigen auch viel Wasser, um den Zucker in ihren Rübenkörpern speichern zu können.

Die Ernte der Zuckerrübe

Ende September, wenn sich die Blattspitzen der Zuckerrübe grüngelb färben, beginnt die Ernte. Dann müssen die Landwirte „rund um die Uhr“ arbeiten, da die Zuckerrüben nicht lange gelagert werden können.

Bei der Lagerung würde ihr Zuckergehalt zurückgehen.

Die Verwendung der Zuckerrübe

In der Magdeburger Börde wurden moderne Zuckerfabriken wie in Klein Wanzleben gebaut, um eine schnelle Verarbeitung der Rüben zu gewährleisten. Dennoch liegen sie manchmal bis zu sechs Wochen auf Halde. Sie werden bei Bedarf zur Zuckerfabrik transportiert.

Aus sieben Kilogramm Zuckerrüben kann in der Zuckerfabrik ein Kilogramm Zucker gewonnen werden. Der Zucker wird vor allem in der Lebensmittelindustrie, zum Beispiel bei der Getränkeherstellung und in der Süßwarenindustrie, verarbeitet.

Die Blätter der Zuckerrübe erhalten die Tiere als Futter. Bedeutung erlangt die Zuckerrübe für die Herstellung von Biokraftstoff.

1. Nenne Lebensmittel, in denen Zucker enthalten ist. Welche davon hast du heute schon verzehrt?
2. Beschreibe Anbau, Ernte und Verwendung der Zuckerrübe.
3. Aus M3 auf S. 103 hast du erfahren, dass immer weniger Menschen in der Landwirtschaft beschäftigt sind und ein Landwirt immer mehr Menschen ernähren kann. Nenne Gründe dafür.

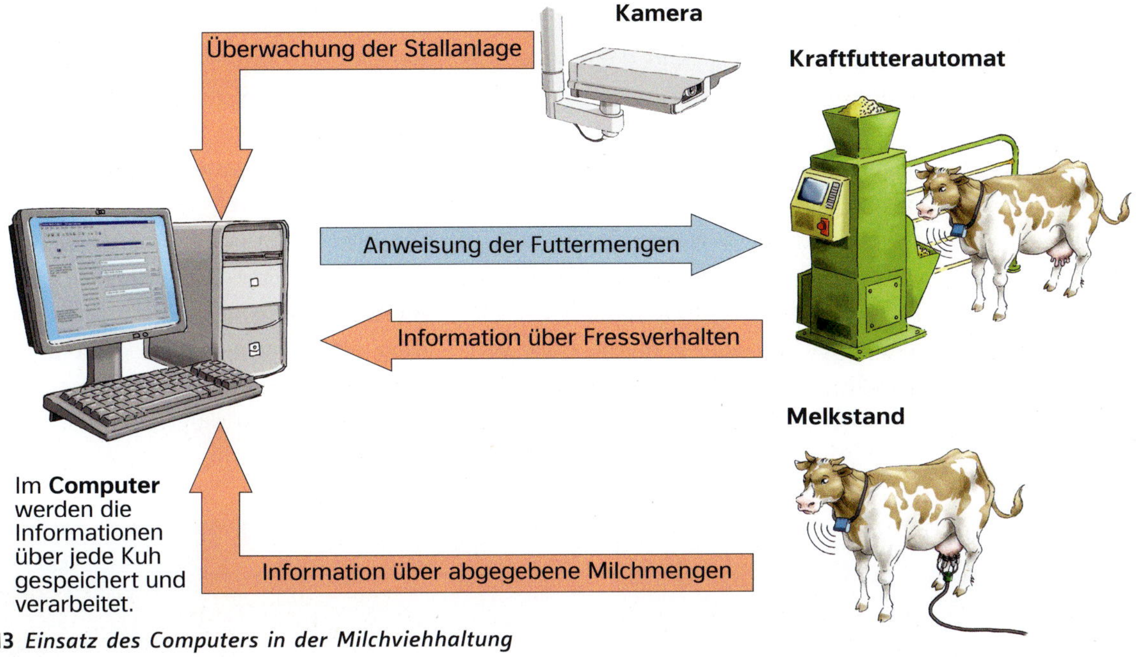

M3 *Einsatz des Computers in der Milchviehhaltung*

Hightech im Kuhstall

Den Kuhstall seiner Eltern hat Max umfangreich modernisiert. „Viele Menschen machen sich von uns Landwirten ein falsches und völlig veraltetes Bild. Auch wir sind in der modernen Wirtschaft angekommen", sagt er lachend.

„54 glückliche Kühe stehen im Stall. Kuhkomfort ist die Devise. Denn nur Kühe, die sich wohlfühlen, geben viel Milch".

Die Tiere können sich im Stall frei zwischen den einzelnen Liegeboxen, dem Fressplatz und dem Melkbereich bewegen. Wann ein Tier gemolken werden möchte, entscheidet es selbst. Im halbautomatischen Melkstand erscheint auf einem Display die Nummer der Kuh, ein Chip im Ohr sendet alle Informationen über den Zustand des Tieres an den Computerserver.

Auch die Futterration für jede Kuh wird durch den Fütterungsautomaten freigegeben. In den mit weichen Liegematten ausgestatteten Boxen ruhen die Kühe sich aus. Zwischendurch können sie auf dem Laufhof frische Luft tanken oder an den rotierenden Bürsten Körperpflege betreiben.

M4 *Wellness im Kuhstall*

3 Beschreibe, welche Aufgaben der Computer im Kuhstall übernehmen kann.

4 Informiert euch im Supermarkt über Milchprodukte und ihre Herkunft.

Ökologische Landwirtschaft

M1 *Mit diesem Siegel werden Erzeugnisse aus der biologischen Landwirtschaft, auch ökologische Landwirtschaft genannt, gekennzeichnet.*

Auf einem Ökohof sind der Anbau von Kulturpflanzen und die Tierhaltung anders organisiert als in der herkömmlichen Landwirtschaft. Durch eine schonende Wirtschaftsweise werden die natürlichen Abläufe im Boden weniger beeinflusst.
Auf den Feldern wird kein künstlicher Dünger, sondern in Maßen nur die von den eigenen Tieren erzeugte Gülle verwendet. Kleegras ist fester Bestandteil der Fruchtfolge, um die Bodengüte auf natürliche Weise zu steigern.

Bei der Unkrautbekämpfung verzichtet man beim ökologischen Landbau auf den Einsatz von chemischen Mitteln. Mit einem großen Gasbrenner wird das Unkraut abgeflammt.
Die Tiere haben mehr Platz als in Betrieben der herkömmlichen Landwirtschaft. Außerdem ist eine ganzjährige Stallhaltung ohne Auslauf beim ökologischen Landbau verboten. In den Sommermonaten verbringen die Tiere viel Zeit auf den Weiden bzw. im Freiland.

M2 *Kontrolle eines Salatfeldes*

M4 *Hühnerhaltung im Freiland*

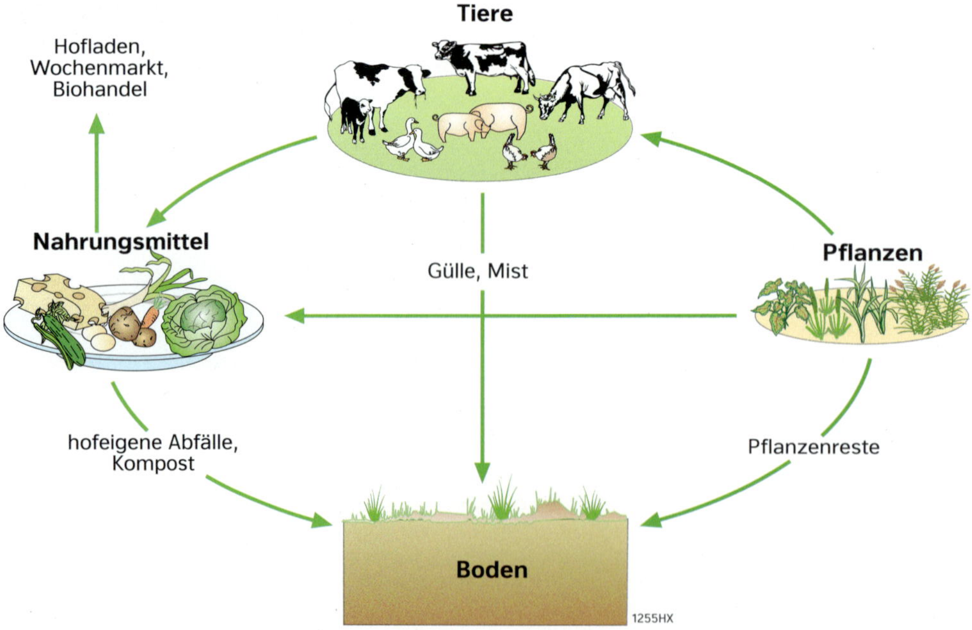

M3 *Ablauf in der ökologischen Landwirtschaft*

Vermarktung der Produkte

Die Wege zu den Verbrauchern sollen möglichst kurz sein, um die Umwelt nicht durch übermäßigen Schadstoffausstoß der Transportfahrzeuge zu belasten. Die Waren aus dem ökologischen Landbau werden überwiegend in eigenen Hofläden und auf nahe gelegenen Wochenmärkten verkauft. Über den Ökogroßhandel wird ebenfalls ein Teil der Produkte verkauft. Einige Höfe liefern sogar bis zur Haustür (M6).
Außerdem werden die Waren nur saisonal angeboten. Erdbeeren zum Beispiel nur im Mai und Juni. Diese naturnahe Wirtschaftsweise ist sehr aufwendig.
Aus diesem Grund können Ökobauern ihre Produkte nur zu höheren Preisen als herkömmlich erzeugte anbieten. „Bioprodukte“ liegen aber im Trend.
Deshalb bieten auch Supermärkte eine Vielzahl an ökologisch erzeugten Lebensmitteln an.
Viele dieser Produkte haben allerdings einen weiten Weg hinter sich: zum Beispiel Kartoffeln aus Ägypten, Karotten aus Israel oder Gurken aus Spanien oder den Niederlanden. Experten raten, nur saisonale und regional produzierte Bioprodukte zu kaufen.

M5 ***Anbau von Biogurken***

M6 ***Zustellung von Bioprodukten an die Haustür***

1. Nenne Begriffe, die du mit der ökologischen Landwirtschaft in Verbindung bringst.
2. Beschreibe den Anbau von Kulturpflanzen und die Tierhaltung in der ökologischen Landwirtschaft.
3. Nenne Gründe, weshalb die ökologische Wirtschaftsweise nicht auf die gesamte Landwirtschaft zu übertragen ist.
4. Erläutere, wo die produzierten Waren der ökologischen Landwirtschaft verkauft werden.
5. a) Erkunde in einem Supermarkt, welche landwirtschaftlichen Bioprodukte im Angebot sind.
   b) Vergleiche die Preise dreier Bioprodukte mit solchen, die in herkömmlicher Weise erzeugt wurden.
   c) Diskutiert, ob man Bioprodukte kaufen sollte.

Leben auf dem Land

Leben auf dem Dorf bedeutete für viele das Arbeiten in der Landwirtschaft. Tatsächlich bedeutet Dorf so viel wie bäuerliche Siedlung. Typisch sind eine offene Bebauung mit einzelnen Häusern sowie eine geringe Bevölkerungszahl und Bevölkerungsdichte. Doch viele Dörfer sehen heute eher wie Wohngemeinden aus. Denn in den letzten Jahrzehnten sind viele Menschen von der Stadt aufs Dorf gezogen, um ein Haus zu bauen und dort zu leben. Daher haben heute viele Dörfer neben dem alten Ortskern oftmals große Neubaugebiete.

Auf dem Dorf zu leben, hat viele Vorteile. Zum Arbeiten oder zur Schule müssen aber viele Bewohner in die Stadt pendeln. In Dörfern gibt es deutlich weniger Arbeitsplätze. Neben Betrieben der Land- und Forstwirtschaft finden sich aber gerade in den Dörfern auch noch kleinere Handwerksbetriebe oder sogar mittelgroße Industriebetriebe, zum Beispiel aus der Metallverarbeitung.

Die Versorgung durch Geschäfte ist begrenzt. Manche Dörfer werden sogar wöchentlich von fahrenden Bäckereien oder Sparkassen besucht. Viele Produkte kaufen die Dorfbewohner daher in der Stadt ein, die auch in anderen Lebensbereichen ein viel größeres Angebot hat. Das ist einer der Gründe, warum mittlerweile gerade junge Menschen wieder vom Dorf in die Stadt ziehen.

www.planet-wissen.de
(→ Vier Mythen über das Landleben)

M1 *Siegerdorf Schleberoda im Dorfwettbewerb*

Seit Jahren fördern die Bundesregierung und die Länder mit Geldern die Dorferneuerung und -entwicklung. Hierzu gehören zum Beispiel die Verbesserung der Verkehrsverhältnisse in den Dörfern, die Neugestaltung von Plätzen und Grünflächen, die Dach- und Fassadensanierung von Gebäuden oder der Neubau von Spielplätzen und Jugendklubs.

M4 *Dorferneuerung*

M2 *Luftbild eines Dorfes*

M3 *Stadt und Land ergänzen sich.*

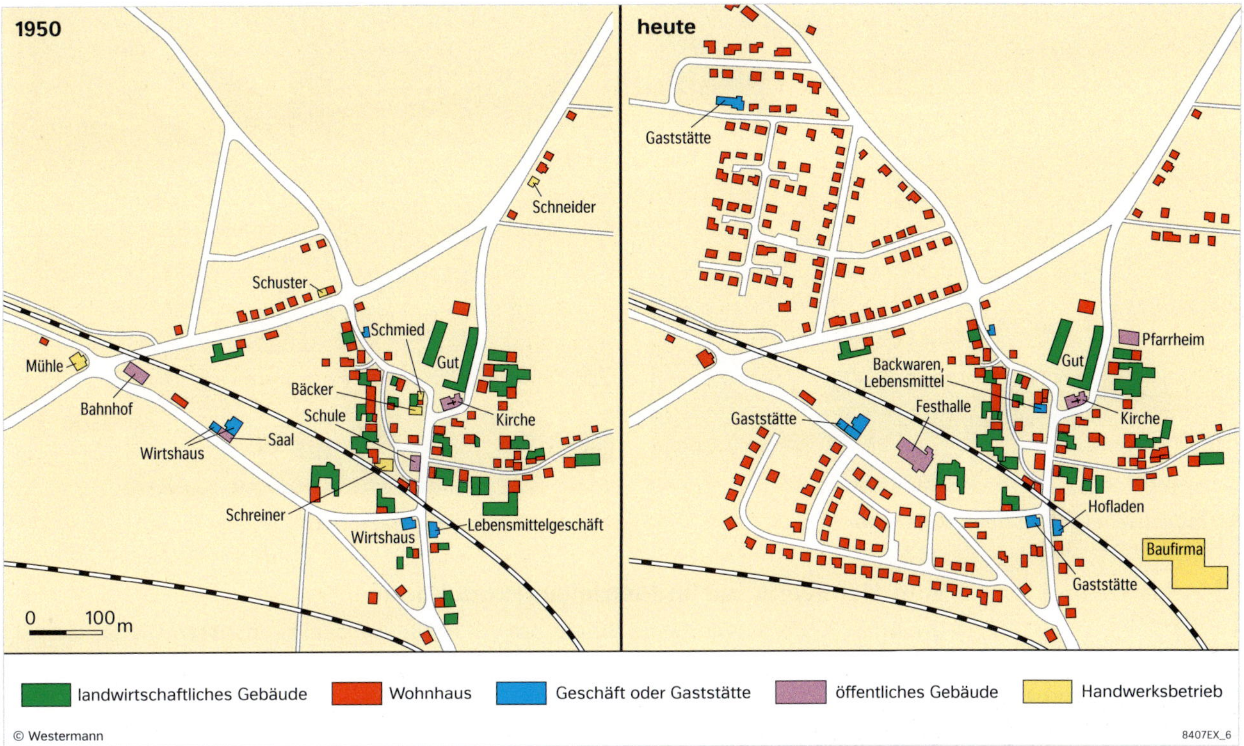

M5 *Beispiel eines Dorfes um 1950 ...*

M7 *... und des gleichen Dorfes heute*

M6 *Wohnen auf dem Land ...*

1. Ordne in einer Tabelle zu, was Dörfer und Städte jeweils eher bieten (M3).

2. Analysiere die Karten von 1950 und heute (M5 und M7).
   a) Vergleiche, was du in beiden Karten wiedererkennst und was sich verändert hat.
   b) Erläutere Gründe für die Veränderungen.
   c) Nenne Veränderungen, die sich in Zukunft ergeben könnten.

3. Würdest du gerne auf dem Dorf leben? Begründe deine Entscheidung. Vervollständige hierzu die Sätze in M6.

M1 *Industriebetrieb in den 1920er-Jahren*

M4 *Moderner Industriebetrieb*

Industrie und Handwerk

Industrie ist das Gegenteil von handwerklicher Produktion. Im Handwerk werden die Produkte von Hand hergestellt. In der industriellen Produktion übernehmen Maschinen viele Arbeitsgänge. Ein Handwerker (z. B. ein Tischler) beherrscht alle Arbeitsschritte des Herstellungsprozesses. Ein Industriearbeiter (z. B. in der Möbelindustrie) führt nur einen oder wenige Schritte aus.

Vom Handwerk zur industriellen Produktion

Die Art und Weise, wie heute Waren produziert werden, hat sich seit Ende des 18. Jahrhunderts stark gewandelt. Bis dahin wurden Waren von Handwerkern hergestellt. Mit der Erfindung der Dampfmaschine und später des Fließbandes übernahmen Maschinen einen Großteil der Arbeitsschritte.

Heute werden die meisten Dinge, die wir täglich verwenden, industriell hergestellt. Kaum jemand macht sich Gedanken, wie und wo beispielsweise unsere Kleidung, Möbel, Autos und Fernseher entstehen. Wenn solche Produkte immer noch nur von Handwerkern hergestellt würden, könnten wir sie uns nicht leisten.

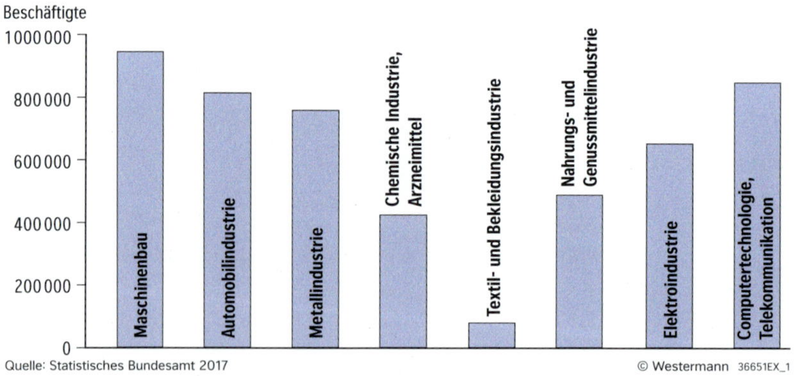

M3 *Wichtige Industriezweige in Deutschland*

Mechanisierung und Automatisierung	Massenproduktion	Arbeitsteilung	Arbeits- und Wohnort
Maschinen übernehmen Arbeiten (Produktionsschritte), die früher Menschen erledigten.	Große Mengen ein und desselben Produktes werden aus den immer gleichen Einzelteilen hergestellt.	Unterschiedliche Aufgaben im Herstellungsprozess werden von verschiedenen Mitarbeitern übernommen.	Trennung von Wohn- und Arbeitsort; die Produktion findet in Fabrikhallen statt.

M2 *Merkmale der industriellen Produktion*

M5 *Online-Überwachung einer Industrieanlage*

M7 *Smartes Wohnen*

Digitalisierung der Produktion

Menschenleere Fabriken voller Roboter, die, digital gesteuert und überwacht, unsere Arbeit erledigen. Nur noch Maschinen – billiger als jede menschliche Arbeitskraft, ohne Pause tätig, Tag und Nacht. Dieses Bild haben viele Menschen vor Augen, wenn sie an die Zukunft der Industrie denken.

Natürlich wird die Produktion weiterhin in Fabriken stattfinden. Aber die Wartung einer Maschine kann mithilfe eines Tablets praktisch von überall geschehen. In „intelligenten Fabriken", den „Smart Factories", arbeiten Maschinen mit Maschinen und mit Menschen zusammen und vernetzen sich.

M6 *Der Roboter-Assistent „Pepper" informiert Kunden über verschiedenste Produkte.*

Mobile Roboter können zum Beispiel vollautomatisch und selbstständig Aufträge von Maschinen annehmen, um Teile abzuholen und auszuliefern. Die Industrie verspricht sich von der Digitalisierung viele neue Geschäfte – auch in privaten Haushalten, in sogenannten „Smart Homes" (siehe Info).

In den wichtigsten Industriezweigen Deutschlands (M3) sind mehr als zwei Millionen Menschen beschäftigt. Zehntausende zusätzliche Arbeitsplätze könnten geschaffen werden, zum Beispiel für Ingenieure, Informatiker und Software-Entwickler.

Smart Home

Der Fernseher und die Heizung schalten sich ein, die Rollos gehen wie von Geisterhand herunter, nur durch einen Zuruf kann eine Pizza bestellt werden.
Das alles ist möglich durch Smart Home. Damit wird ein Haushalt bezeichnet, in dem Haushalts- und Multimediageräte miteinander verknüpft sind. Die Haushaltsgeräte können über Tablet oder Smartphone auch von unterwegs gesteuert werden.

1. Erkläre den Unterschied zwischen handwerklicher und industrieller Produktion (Info, M2).
2. Ermittle im Internet Dinge, die man in einem Smart Home mit Smartphone oder Tablet steuern kann.

Verteilung der Industriegebiete

Die Industriegebiete in Deutschland sind nicht zufällig dort entstanden, wo sie sich heute befinden (M1). Früher waren wichtige Gründe für ihre Entstehung Vorkommen an Bodenschätzen wie Kohle oder Eisenerz und die Verkehrslage.
Im Ruhrgebiet, im Saarland und im Gebiet um Halle-Leipzig waren es zum Beispiel Kohlevorkommen.
Heute sind andere Voraussetzungen wichtiger: gut ausgebildete Arbeitskräfte, niedrige Energiekosten und die Nähe zu den Absatzmärkten. Daneben sind auch Steuererleichterungen für die Betriebe wichtig.

Deutschlands Industriegebiete weisen eine unterschiedliche Größe auf. So sind in einem **Verdichtungsraum** die Stadtgrenzen mehrerer Städte oft nicht mehr wahrnehmbar.
Es gibt viele Industriebetriebe und Dienstleistungseinrichtungen (zum Beispiel Banken, Versicherungen und kulturelle Einrichtungen). In den Verdichtungsräumen gibt es eine hohe **Bevölkerungsdichte** und es laufen auch viele Verkehrswege zusammen. Aufgrund der Zusammenballung von Siedlungen, Industrie- und Verkehrsanlagen kommt es zu Umweltbelastungen.

i Verdichtungsraum
Ein Verdichtungsraum oder Ballungsraum ist ein Gebiet, in dem besonders viele Menschen auf engem Raum („verdichtet") leben. Hier gibt es viele Arbeitsplätze und ein gut ausgebautes Verkehrsnetz.

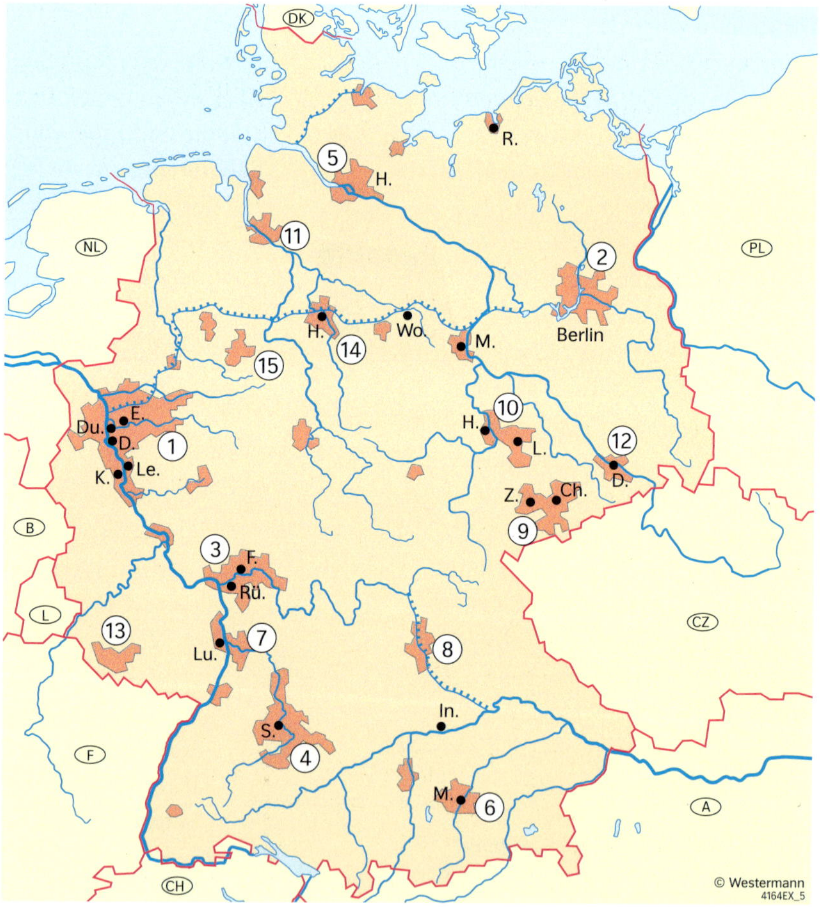

(1) Rhein-Ruhr mit Ruhrgebiet
(2) Berlin
(3) Rhein-Main
(4) Mittlerer Neckar-Stuttgart
(5) Raum Hamburg
(6) Raum München
(7) Rhein-Neckar
(8) Nürnberg-Fürth-Erlangen
(9) Chemnitz-Zwickau
(10) Halle-Leipzig
(11) Raum Bremen
(12) Oberes Elbtal
(13) Saar
(14) Raum Hannover-Braunschweig
(15) Raum Bielefeld

0 50 100 150 km

M1 *Verdichtungsräume*

1. Beschreibe die Lage der Verdichtungsräume. Vergleiche sie mit der Bevölkerungskarte (S. 49, M2).
2. Nenne Merkmale von Verdichtungsräumen.

Räume im Wandel

Mithilfe von Karten, Texten, Bildern, Skizzen u.a. kannst du zum Beispiel Oberflächenformen, Gewässer, Böden und das Klima eines Gebietes untersuchen.
Wenn du einen Verdichtungsraum analysierst, dann musst du ermitteln, welche **Standortfaktoren** dafür entscheidend sind.

In jedem Wirtschaftsraum gibt es immer wieder Veränderungen. Man spricht dann von einem wirtschaftlichen Strukturwandel. Auf den folgenden Seiten werden dir drei ausgewählte Verdichtungsräume und eine Wirtschaftsregion vorgestellt, die du analysieren kannst. Orientiere dich bei der Analyse an der Schrittfolge.

So gehst du vor

1. Wähle einen Verdichtungsraum aus und beschreibe seine Lage.
2. Ermittle die Industriezweige.
3. Nenne Gründe, die für ihre Entstehung von Bedeutung waren oder heute noch sind.
4. Beschreibe den wirtschaftlichen Strukturwandel.
5. Präsentiere deine Ergebnisse.

Wirtschaftlicher Strukturwandel
Der Begriff Struktur bedeutet Ordnung oder Gliederung. Ein Strukturwandel liegt dann vor, wenn zum Beispiel die Bedeutung eines Wirtschaftsbereiches stark abnimmt und die eines anderen stark zunimmt. Ein wirtschaftlicher Strukturwandel verändert auch das Landschaftsbild des jeweiligen Gebietes.

Standortfaktoren
Gründe, die ein Unternehmen bei der Standortwahl beeinflussen

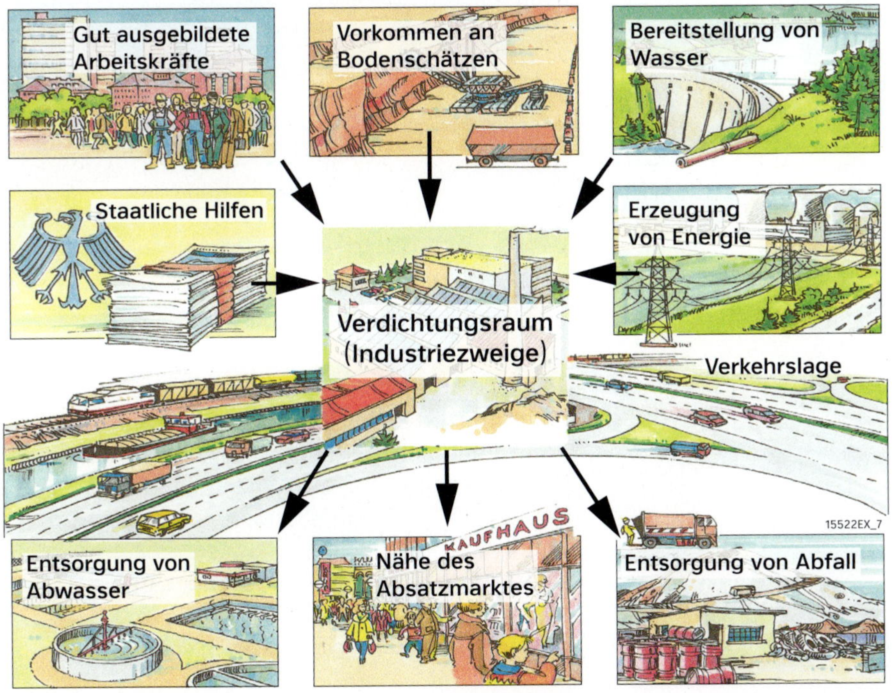

M2 *Standortfaktoren für die Analyse eines Verdichtungsraumes*

3 Erläutere Standortfaktoren, die bei der Analyse eines Verdichtungsraumes Beachtung finden sollten.

4 Wähle einen Verdichtungsraum aus und analysiere ihn unter Nutzung der Schrittfolge.

Zu Beginn des 19. Jahrhunderts war die Landwirtschaft der wichtigste Wirtschaftsbereich im Ruhrgebiet. Äcker, Wiesen und Wälder prägten die Landschaft.
Weil es im Ruhrgebiet so viel Steinkohle gab, änderte sich ab 1850 einiges. Der Bergbau begann. Die Steinkohle wurde in Bergwerken abgebaut. Es entstanden erste Hochöfen und Stahlwerke. Sie siedelten sich in der Nähe der Bergwerke an. Auch die Nähe zu den Flüssen Ruhr und Rhein war ein wichtiger Standortfaktor für die Betriebe. So konnten sie Kohle und Stahlprodukte mit dem Schiff schnell und preiswert in andere Regionen transportieren.

M1 *Der Steinkohleabbau im Ruhrgebiet beginnt.*

Herausbildung des Ruhrgebietes und Veränderungen

Das Ruhrgebiet ist der größte Verdichtungsraum Deutschlands. Hier wohnen über fünf Millionen Menschen. Städte sind zu einer einzigen Stadtlandschaft zusammengewachsen. Daneben kennzeichnen eine vielseitige Industrie und ein sehr gut ausgebautes Verkehrsnetz den Verdichtungsraum.
Geprägt war der „Ruhrpott“, wie das Ruhrgebiet auch genannt wird, bis in unsere heutige Zeit insbesondere durch den Steinkohlenbergbau und die Eisen- und Stahlindustrie.
Inzwischen findet auch im Verdichtungsraum ein umfassender wirtschaftlicher Strukturwandel statt.

M2 *Die alte Mitte von Oberhausen: ein Eisen- und Stahlwerk, das bis in die 1980er-Jahre bestand*

„Wir sind 1956 ins Ruhrgebiet gezogen. Ich kann mich noch genau daran erinnern, wie verschmutzt die Luft war. Wir putzten jeden Tag die Fenster und schrubbten die Fensterrahmen, aber schon am nächsten Tag waren sie wieder schwarz vom Ruß. Ich war damals oft krank.“

M3 *Bericht der Zeitzeugin Elsa Schmidt aus Essen*

1. Erkläre die Voraussetzungen und die Entwicklung des Ruhrgebietes zum größten Verdichtungsraum Deutschlands.
2. Beschreibe Lebens- und Arbeitsbedingungen im Ruhrgebiet und nenne Gründe für die wirtschaftlichen Veränderungen ab den 1960er-Jahren.

100800-040
schueler.diercke.de

Schnell entwickelte sich das Ruhrgebiet zu einer der bedeutendsten Industrieregionen Europas. Es entstanden viele neue Bergwerke. Auch die Eisen- und Stahlindustrie erlebte im Ruhrgebiet einen starken Aufschwung.
Im Ruhrgebiet fanden immer mehr Menschen Arbeit. Deshalb stieg dort die Bevölkerungszahl stark an. Dörfer wurden zu Städten und alte Städte wurden zu Großstädten, wie zum Beispiel Dortmund. Es wurden auch neue Verkehrswege gebaut: Straßen, Eisenbahnlinien und Kanäle.

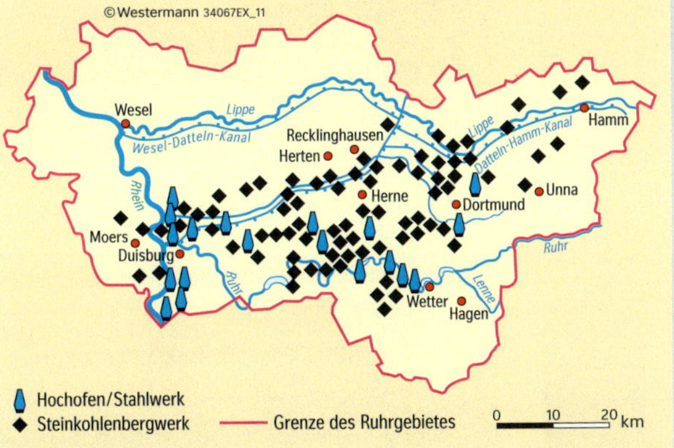

M4 *Der Steinkohleabbau im Ruhrgebiet boomt.*

M5 *Ein Bergmann beim Steinkohleabbau früher*

Ab Anfang der 1960er-Jahre wurde immer weniger Steinkohle in den Bergwerken des Ruhrgebiets gefördert. Man verwendete in der Industrie und zum Heizen zu Hause weniger Kohle. Außerdem wurde billige Kohle aus dem Ausland eingeführt. Auch die Stahlindustrie verlor ab Mitte der 1970er-Jahre an Bedeutung. Stahl wurde immer öfter durch Kunststoffe und Aluminium ersetzt. Heute wird im Ruhrgebiet keine Steinkohle mehr abgebaut und es gibt nur noch wenige Standorte der Stahlindustrie.

M6 *Das Ruhrgebiet verändert sich.*

„Ich war gerne Bergmann. Mein Arbeitsplatz lag bis zu 1000 Meter unter der Erdoberfläche. Wir Bergleute arbeiteten bei großer Hitze und atmeten auch viel Kohlestaub ein. Aber das ‚schwarze Gold' sicherte mir und meiner Familie ein gutes Einkommen. Demnächst beginnt meine Umschulung zum Feuerwehrmann. Aber viele meiner Kumpel werden arbeitslos sein oder gehen in Rente."

M7 *Ein ehemaliger Bergmann berichtet.*

www.route-industriekultur.ruhr

www.ruhr-tourismus.de

www.klexikon.zum.de
(→ Ruhrgebiet)
www.glueckauf.wdr.de

Das neue Gesicht des Ruhrgebietes

Veränderungen in der Industrie:
- Ansiedlung moderner Industrien (Automobilbau, Chemie- und Kunststoffindustrie, Elektrotechnik und Informationstechnik)
- Modernisierung bestehender Industriebetriebe

Bedeutungszuwachs des Dienstleistungsbereiches:
- Bau neuer Bildungseinrichtungen (Universitäten)
- Forschung und Entwicklung zukunftsreicher Bereiche wie Mikroelektronik und Umwelttechnik

Lebenswerte Region und Städte:
- Modernisierung der Städte des Ruhrgebietes
- Schaffung vielfältiger Kultur- und Freizeiteinrichtungen sowie Einkaufszentren auf ehemaligem Fabrikgelände
- Entwicklung des Ruhrgebietes zur Tourismusregion

M3 *Maßnahmen zum Strukturwandel*

M1 *In einem Dortmunder Unternehmen der Mikrosystemtechnik*

M4 *Europas größtes Einkaufszentrum auf dem Gelände eines ehemaligen Hüttenwerks in Oberhausen*

M2 *Die längste Indoor-Skipiste der Welt auf einer alten Zechenabraumhalde in Bottrop*

M5 *Klettern an den Wänden eines ehemaligen Kohlebunkers in Duisburg*

1. Beschreibe, wie sich das Ruhrgebiet verändert hat.

2. Erarbeite eine Tabelle „Berufe im Ruhrgebiet früher – heute“.

So gehst du vor

Tabellen und Diagramme sind Statistiken. In ihnen sind Zahlen übersichtlich dargestellt. Die Daten dienen dem Vergleich, oft können auch Entwicklungen abgelesen werden.

1. **Überblick verschaffen**
   Nenne das Thema der Statistik.
   Gib Zeitabschnitte und Maßeinheiten an.

2. **Informationen entnehmen**
   Lies die höchsten und niedrigsten Werte ab.
   Beschreibe Entwicklungen. Nutze dazu die angegebene zeitliche Reihenfolge und die Mengenangaben.

3. **Daten vergleichen**
   Vergleiche ausgewählte Werte miteinander.
   Stelle Zusammenhänge her bzw. beschreibe Ursachen.

4. **Hauptaussage formulieren**
   Fasse die Daten der Statistik in einer knappen Aussage zusammen.

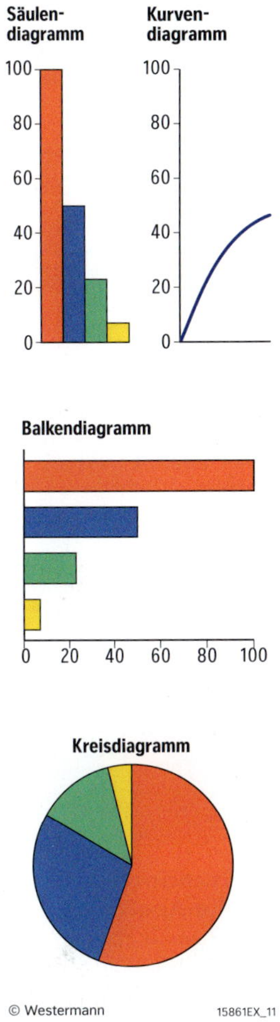

M9 *Diagrammformen im Überblick*

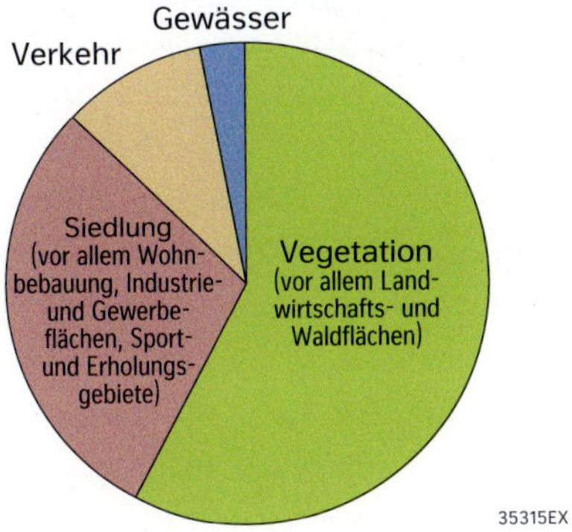

M6 *Nutzung der Fläche des Ruhrgebiets*

Jahr	Übernachtungen	
	insgesamt	ausländische Gäste
2009	40,22	7,45
2011	44,25	8,82
2013	46,14	9,51
2015	48,69	10,14
2017	51,51	10,99
2018	51,93	10,79

Quelle: www.it.nrw/node/1975/pdf

M8 *Touristenzahlen in NRW (in Mio.)*

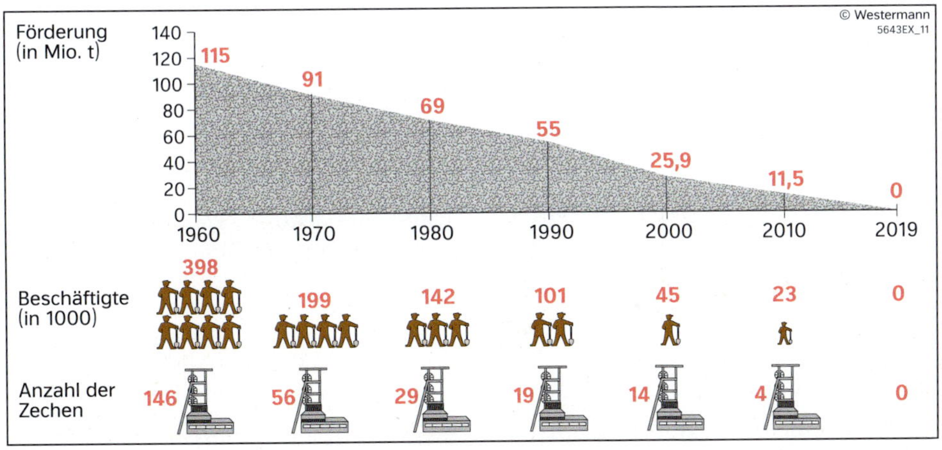

M7 *Der Steinkohlenbergbau im Ruhrgebiet*

Jahr	Dortmund
1850	11 000
1900	143 000
1950	507 000
1970	643 000
1990	599 000
2010	581 000
2018	602 000

M10 *Entwicklung der Einwohnerzahl von Dortmund*

3 Werte die Materialien unter Nutzung der Schrittfolge aus.

4 Erstelle ein Säulendiagramm zur Anzahl der Zechen.

M1 *Lage des Mitteldeutschen Chemiedreiecks*

M2 *TOTAL-Erdölraffinerie Mitteldeutschland am Chemiestandort Leuna*

Verdichtungsraum Halle-Leipzig – eine bedeutende Chemieregion

Eines der wichtigsten Industriegebiete im Osten Deutschlands ist der Verdichtungsraum Halle-Leipzig. Hier gibt es zahlreiche Chemiebetriebe, so in Leuna, Schkopau, Bitterfeld und Böhlen.

Die Chemie hat in dieser Region eine mehr als 100 Jahre währende Tradition. Sie prägt auch heute noch die Wirtschaft des Verdichtungsraumes.

Braunkohle war lange der wichtigste Rohstoff für die chemische Industrie. Sie wurde z. B. zu Treibstoff, Ölen, Teer, Plastikrohstoffen, Gummi und Farben verarbeitet. Später fanden Erdöl und Erdgas als Rohstoff Verwendung. Auch deshalb, weil Chemieprodukte daraus billiger und umweltschonender hergestellt werden können.

Neben der Chemie siedelten sich im Raum Halle-Leipzig zahlreiche weitere Industriezweige an.

Diese Verdichtung der Industrie führte zu einer Zunahme der Bevölkerung und zum Ausbau des Verkehrsnetzes.

Bis 1989 gab es im Verdichtungsraum Halle-Leipzig eine starke Umweltverschmutzung. Nach der politischen Wende wurden viele alte Betriebe stillgelegt und neue errichtet (vgl. S. 121).

Heute stellt die chemische Industrie insbesondere Produkte wie Benzin, Grundstoffe für Waschmittel und Kosmetika oder Klebstoffe für die Automobilindustrie auf der Grundlage von Erdöl her. Braunkohle wird heute nur noch in den Tagebauen Profen bei Zeitz und Schleenhain südlich von Leipzig abgebaut. Sie dient zur Energiegewinnung. Mit dem Strom aus den Braunkohlekraftwerken in Schkopau und Lippendorf werden zurzeit noch Betriebe und Haushalte versorgt (vgl. S. 122).

i Standortfaktoren für die Ansiedlung der chemischen Industrie

- Vorkommen an Braunkohle als Rohstoff und für die Energiegewinnung
- Flüsse für Brauchwasser und Ableitung von Abwässern
- günstige Verkehrslage zum Abtransport der Produkte
- viele gut ausgebildete Arbeitskräfte in der Region
- Forschungseinrichtungen

1. Beschreibe die Lage des Verdichtungsraumes Halle-Leipzig. Fertige eine Lageskizze an.
2. Nenne Gründe dafür, dass sich hier viele Chemiebetriebe angesiedelt haben.
3. Nenne Industriezweige, die im Verdichtungsraum Halle-Leipzig an Bedeutung gewonnen haben (Atlas).
4. Erläutere den wirtschaftlichen Wandel in der Region Halle-Leipzig. Nutze den Atlas.

100800-042, 100800-043
schueler.diercke.de

Auf dem Weg in die Zukunft

Chemiepark Bitterfeld-Wolfen:
- einer der größten Chemiestandorte Europas, bedeutender Standort von Pharmaunternehmen
- über 300 Firmen mit mehr als 12 000 Mitarbeitern, darunter eine Vielzahl von international agierenden Unternehmen
- Produktion von modernsten Glasfaserkabeln der Welt und von Kopfschmerztabletten
- direkte Autobahnanbindung

Chemiestandort Leuna:
- Fläche von 1 300 ha (= 1 820 Fußballfelder)
- mehr als 100 Firmen der Chemie (z. B. Dow Chemical, Domo, BASF)
- zahlreiche Dienstleister und Forschungseinrichtungen
- über 10 000 Beschäftigte
- TOTAL, modernste Erdölraffinerie Europas
- direkte Autobahnanbindung

Leipzig und Halle (Saale):
- Automobilbau (BMW, Porsche)
- wichtige Logistikregion (unter 28 Logistikregionen Deutschlands nach Hamburg und Berlin 3. Rang)
- Logistikdienstleister wie Amazon, Radial und DHL
- Airport Leipzig/Halle als europäisches Frachtdrehkreuz
- Medienstandorte (z. B. Mitteldeutsches Multimediazentrum Halle)
- Leipziger Messe
- direkte Autobahnanbindung

M3 *Am Flughafen Leipzig/Halle*

Metropolregion Mitteldeutschland
- besteht aus mehreren Kernstädten mit einem dicht bebauten Umland und angrenzenden ländlichen Gebieten
- umfasst rund 2,5 Millionen Einwohner
- Verdichtungsraum Halle-Leipzig-Bitterfeld ist Kern der Region und Motor der Wirtschaft, Wissenschaft und Kultur Mitteldeutschlands

www.fragfinn.de
(→ Braunkohleförderung in Deutschland)

Von tiefen Tagebaulöchern ...

Wie du schon erfahren hast, wurde 2018 die Steinkohlenförderung im Ruhrgebiet eingestellt. Braunkohle soll jedoch noch bis über das Jahr 2030 hinaus zur Stromgewinnung in Deutschland gefördert werden. Der Braunkohleabbau im Tagebau stellt jedoch einen großen Eingriff in die Natur dar. Die Kohle lagert manchmal in bis zu 500 Meter Tiefe.

Mit großen Baggern muss vorher fruchtbarer Ackerboden abgetragen werden oder Wälder sind abzuholzen. Wenn über der Abbaufläche Flüsse verlaufen, werden sie in Gebiete umgeleitet, in denen keine Braunkohle lagert.

Wenn sich Dörfer im Abbaugebiet befinden, dann müssen die Bewohner ihre Häuser verlassen. Sie werden umgesiedelt, oft gegen ihren Willen.

Nach dem Abbau der Braunkohle bleiben tiefe Löcher in der Landschaft zurück. Diese Landschaften werden zu Erholungsgebieten umgewandelt.

Die Nutzung von Energieträgern wie Erdöl, Kohle, Erdgas oder Kernenergie für die Stromgewinnung soll sehr stark verringert werden. Zukünftig will Deutschland Strom viel stärker aus sauberen Energiequellen gewinnen. Dazu zählen die Wind- und Wasserkraft, Fotovoltaik und die Biomasse.

M1 *Landschaft vor der Erschließung eines Tagebaus*

M2 *Blick in einen Braunkohletagebau*

1. Erläutere, warum der Braunkohleabbau in Zukunft eingestellt wird.
2. Beschreibe, wie die ehemaligen Tagebaue heute genutzt werden.

Automobilstandort Wolfsburg

Das erste Auto, das in Wolfsburg produziert wurde, war der „Käfer".
Heute fahren auf den Straßen verschiedene Modelle. Dazu zählen der Golf, der Polo, der Tuareg oder der T-Roc. Zum Volkswagen-Konzern gehören neben Audi und Porsche zum Beispiel auch noch die Marken Skoda, Seat und Bentley.
In Deutschland hat Volkswagen noch weitere Standorte (M6). Aber auch in Brasilien, Belgien, Mexiko und China werden VW-Autos produziert.

Bei Volkswagen sind sehr viele Menschen beschäftigt. Die große Anzahl von Arbeitsplätzen wirkt sich auch auf die wirtschaftlichen Aktivitäten der Stadt aus. Andere Wirtschaftsbereiche sind stark von VW abhängig. Denn die vielen Menschen müssen einkaufen gehen oder wollen im Reisebüro eine Reise buchen.
Wenn VW weniger Autos verkauft, wirkt sich das zum Beispiel auf die Geschäfte oder die Dienstleistungseinrichtungen in Wolfsburg und in der Umgebung aus.

M6 *Standorte der VW-Werke in Deutschland*

M3 *Autoturm – ein Hochregallager*

M5 *Volkswagen Arena*

M7 *Kunstmuseum*

M4 *Blick über das VW-Werk und Wolfsburg*

www.autostadt.de/autostadt-erkunden

3. Wolfsburg wird als „Autostadt" bezeichnet. Begründe.

4. Nenne andere Standorte in Deutschland und der Welt, an denen sich VW-Werke befinden.

M1 *Frankfurt am Main*

Merkmale von Städten

Das Leben in der Stadt unterscheidet sich vom Leben auf dem Dorf. Städte bieten den Menschen eine Vielzahl von Arbeitsplätzen, zum Beispiel in Industrie und Handwerk, in der Verwaltung, in Bildungseinrichtungen (Schulen, Kindergärten, Hochschulen) und im Handel.

Fachgeschäfte und Kaufhäuser, Einkaufszentren und Supermärkte versorgen die Menschen mit Waren aller Art.

Allgemein- und Fachärzte sowie Krankenhäuser kümmern sich um die Gesundheit der Bürger.

Städte verfügen häufig über eigene Kraft- und Wasserwerke zur Erzeugung von elektrischem Strom und zur Bereitstellung von Trinkwasser.

Die Entsorgung von Müll übernimmt die städtische Müllabfuhr, die von Abwasser erfolgt über die Kanalisation.

Grünanlagen und Parks, Sportzentren und Bäder werden von den Menschen zur Erholung und zur Freizeitgestaltung genutzt. Darüber hinaus ermöglicht eine Vielzahl von Theatern, Kinos, Ausstellungen und Museen Abwechslung vom Alltag.

Andererseits ist das Leben in der Stadt für manche Bewohner anstrengend. Lärm, Abgase und Hektik belasten viele Menschen. Vor allem neue Verkehrskonzepte sollen Abhilfe schaffen, z. B. durch den Ausbau des öffentlichen Nahverkehrs und von Fahrradwegen sowie die Entwicklung der Elektromobilität.

Stadt
Eine Stadt ist eine große Siedlung. Sie erfüllt für ihre Einwohner und ihr Umland viele Aufgaben.

Millionenstädte (> 1 Mio. Einwohner)		**Mittelstädte** (20 000 – 99 999 Einwohner)	
Berlin	3 613 495	Dessau-Roßlau	82 111
Hamburg	1 830 584	Wittenberg	46 272
München	1 456 039	Weißenfels	40 874
Köln	1 080 394	Halberstadt	40 871
Großstädte (100 000 – 999 999 Einwohner)		**Kleinstädte** (5 000 – 19 999 Einwohner)	
Frankfurt	746 878	Blankenburg	19 985
Halle	239 173	Hettstedt	14 265
Magdeburg	238 478	Tangerhütte	10 814

M2 *Städte nach Größenklassen (31.12.2017)*

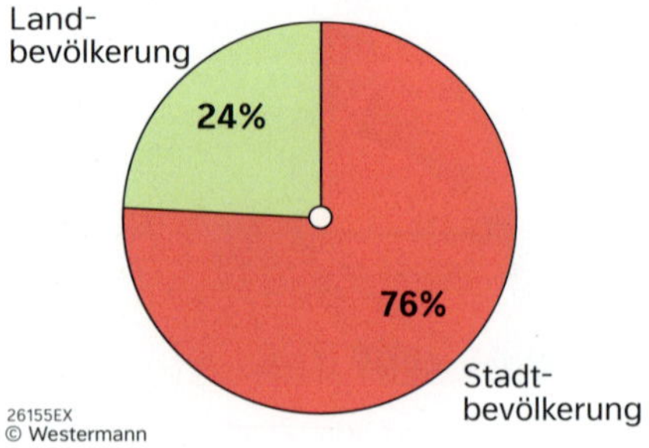

M3 *Anteil der Stadt- und Landbevölkerung in Deutschland (2018)*

1 Nenne Merkmale und Aufgaben einer Stadt.

2 Beschreibe die Merkmale deines Wohn- oder Schulortes.

3. Deutschland ist ein Industrieland und hat mehrere Verdichtungsräume

Ermittle mithilfe des Atlas, welche drei Verdichtungsräume abgebildet sind.
Vergleiche die Industriezweige.

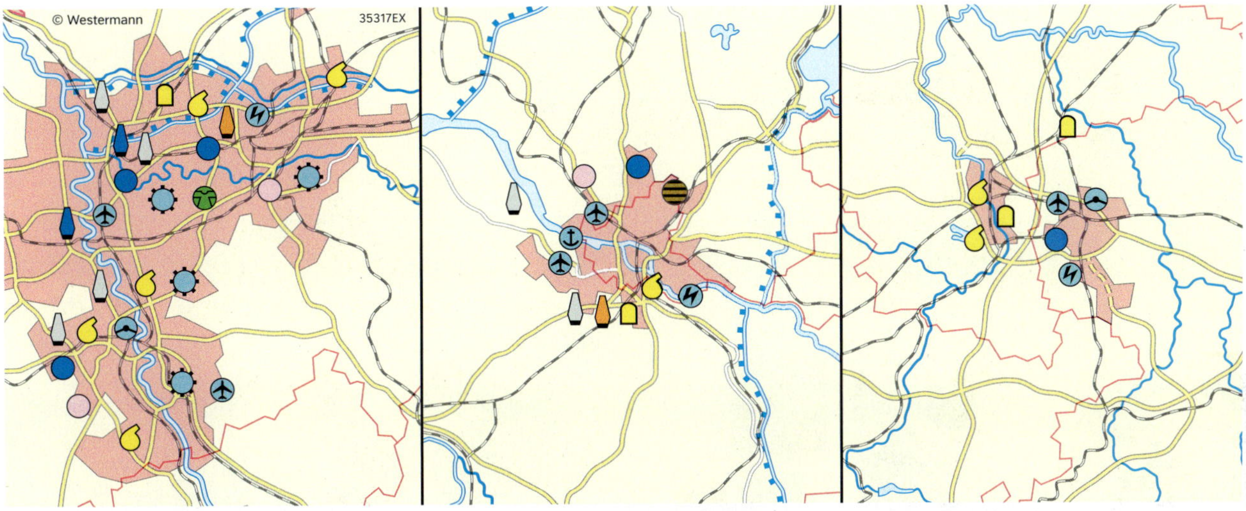

Kompetenz-Check

Hier sind die Kompetenzen aufgeführt, die du in diesem Kapitel erwerben konntest.
Schätze deinen erreichten Stand der Kompetenzentwicklung selbst ein:

☺ sehr gut ☺ gut 😐 befriedigend ☹ mangelhaft

Ich kann ...	☺	☺	😐	☹	Noch unsicher? Schlage nach auf S. ...
... die Wirtschaftsbereiche nennen und Berufe zuordnen.					96
... die Aufgaben der Landwirtschaft und die Verteilung von Agrarräumen beschreiben.					97–98
... einfache Zusammenhänge bei der landwirtschaftlichen Nutzung zwischen den Geofaktoren Oberflächengestalt – Klima – Boden aufzeigen.					98–99
... das Bodenprofil der Schwarzerde lesen.					101
... Formen der landwirtschaftlichen Nutzung und den Wandel in der Produktion durch Digitalisierung und Umweltschutz erläutern.					100–109
... Veränderungen im Leben auf dem Dorf erläutern.					110–111
... die Aufgaben der Industrie beschreiben und Auswirkungen der Digitalisierung auf die Produktion und auf mein Leben aufzeigen.					112–113
... die Verteilung von Industrieräumen in Deutschland beschreiben.					114
... einen Verdichtungsraum analysieren, dabei Tabellen und Diagramme lesen.					115–127
... das Leben in der Stadt mit dem im Dorf vergleichen.					110, 128–129
... meinen Heimatraum unter einer geographischen Fragestellung erkunden und Vorschläge zu seiner Gestaltung unterbreiten.					130–131

5 Orientierung in Europa

Europa im Überblick	136
Kulturelle Vielfalt	140
Relief und Gewässer	142
Klima und Vegetation	146
GeoMethode: Klimadiagramme lesen und vergleichen	148
Kurzkontrolle	152
GeoKompetenzen	153

In diesem Kapitel erwirbst du folgende Kompetenzen und wendest diese an:

- die Lage des Kontinents Europa beschreiben und abgrenzen,
- unterschiedliche Gliederungen Europas aufzeigen,
- den Kontinent Europa in seiner kulturellen und naturräumlichen Vielfalt beschreiben,
- den Zusammenhang zwischen Klima und Vegetation aufzeigen,
- Klimadiagramme lesen und vergleichen.

M1 *Satellitenbild von Europa*

M1 *Europas Abgrenzung (westlichster, östlichster, nördlichster, südlichster Festlandspunkt sowie südlichste Insel)*

Europa – Lage, Begrenzung und Gliederung

Das Wort Europa begegnet uns im Alltag in vielen Zusammenhängen: Europameisterschaft, europäischer Fernwanderweg, Europapokal, Europastraße... Aber wie wird Europa abgegrenzt?
Der Kontinent Europa liegt auf der Nordhalbkugel der Erde. Kontinente sind meist von Ozeanen oder Meeren umgeben und deutlich als Landmasse abgegrenzt. Diese Merkmale treffen für Europa im Norden, Westen und Süden zu. Hier grenzen das Nordpolarmeer, der Atlantische Ozean und das Mittelmeer den Erdteil ab. Umstritten ist dagegen die Abgrenzung im Osten. Das liegt daran, dass die Kontinente Europa und Asien eine gemeinsame Landmasse, Eurasien genannt, bilden.

Weitgehend anerkannt ist die Grenzziehung zwischen Europa und Asien. Die Grenze verläuft entlang des Uralgebirges und des Flusses Ural, durch das Kaspische Meer, die Manytschniederung und durch das Schwarze Meer bis zum Mittelmeer. Die Stadt Istanbul an der Meerenge Bosporus liegt auf beiden Kontinenten.

Die Europa begrenzenden Meere reichen weit ins Festland hinein. Deshalb weist der Kontinent eine starke Gliederung in viele Inseln und Halbinseln auf. Dazu gehören zum Beispiel die Britischen Inseln oder die Iberische Halbinsel. Inseln und Halbinseln nehmen mehr als ein Drittel des Kontinents ein.

Woher der Name Europa kommt?
Er soll vom Wort „erebos" (= „dunkel" im Sinn von „Land der untergehenden Sonne") abgeleitet sein. Von Asien aus betrachtet, liegt Europa dort, wo die Sonne untergeht. Aus „erebos" wurde Europa. Es gibt noch andere Deutungen des Namens Europa. Eine davon geht auf eine alte Sage zurück.

www.fragfinn.de
(→ europasage)

1. Beschreibe die Abgrenzung Europas. Nutze M1 und den Atlas.
2. Ermittle mithilfe einer physischen Europakarte die
   a) Nord-Süd-Ausdehnung und
   b) West-Ost-Ausdehnung Europas.
3. Beschreibe Gliederungen Europas.
4. Vergleiche Europa mit anderen Kontinenten (M4).
5. Nenne zwei Länder, die Anteil an Europa und Asien haben (Atlas).

M5 *Bei Brest im März: Anbau von frostempfindlichem Gemüse*

M8 *Wolgograd im März: große Kälte und Schneesturm*

Hallo Milena,
heute ist der 24. März. Ich war mit meinen Freunden draußen. Wir sind mit dem Fahrrad an den Strand gefahren. Dort haben wir Möwen gejagt. Es war schon warm. Richtig kalt ist es ja bei uns im Frühjahr nicht. Dafür ist es im Sommer auch nicht so heiß. Denn vom Meer her weht fast immer Wind. Mein Vater war heute auf seinen Feldern und hat geschaut, ob das Gemüse gut wächst ...

M6 *Mail von Pierre aus Brest an seine Freundin Milena in Wolgograd (Auszug)*

Hallo Pierre,
draußen kann man bei uns nicht lange sein. In Wolgograd ist es eisig kalt. Jetzt im März liegt noch hoher Schnee. Ohne Mütze oder dickes Kopftuch gehe ich nicht vor die Tür. Heute Morgen hatten wir –20 °C. Der Unterricht fiel aus, weil die Wasserleitung in der Schule eingefroren war. Das Auto meiner Eltern ist nicht angesprungen; sie mussten mit dem Bus zur Arbeit fahren.
Im Sommer wird es bei uns allerdings ganz schön heiß. An manchen Tagen steigt das Thermometer auf über 40 °C. Dann fahren wir mit dem Rad oft zu einem See, in dem man schwimmen darf. Ab und zu regnet es ...

M7 *Antwort von Milena auf die Mail von Pierre aus Brest (Auszug)*

1. a) Nenne Merkmale des maritimen und Kontinentalklimas.
   b) Erkläre die unterschiedlichen Temperaturen und Niederschläge.

2. Lies die Klimadiagramme M2 bis M4 und vergleiche sie.

3. Werte die Mails von Pierre und Milena aus. Vergleiche:
   – Lage des Wohnortes
   – Temperaturen im März und im Sommer/Winter
   – Freizeitgestaltung
   Nutze auch M1, M2 und M4.

Thema: Klima Europas

In Europa verändert sich das Klima von West nach Ost.

1. Lies die beiden Klimadiagramme. Vervollständige die Tabelle.

2. Vergleiche das Klima der beiden Stationen.

3. Begründe die Unterschiede.

4. Ordne die Diagramme jeweils einem Großraum Europas zu

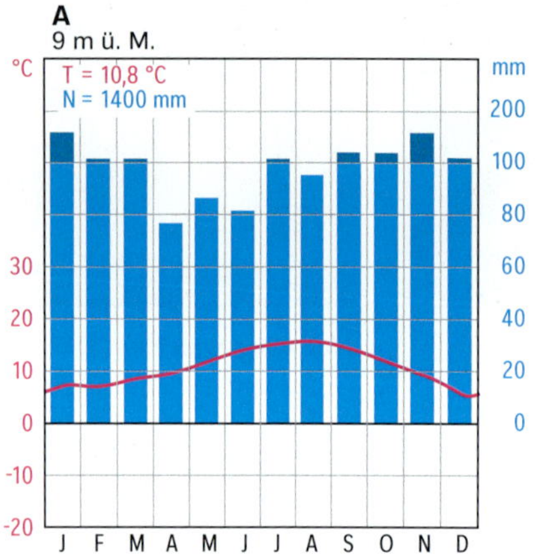

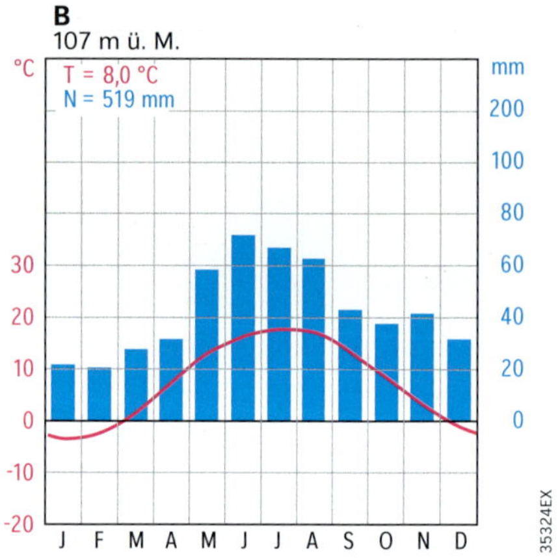

Klimamerkmale	Klimadiagramm A	Klimadiagramm B
Jahresdurchschnittstemperatur		
wärmster Monat/°C		
kältester Monat/°C		
Temperaturunterschied		
Jahresniederschlagssumme		
niederschlagsreichster Monat/mm		
niederschlagsärmster Monat/mm		
Zusammenfassung (Sommer/Winter)		

Erwartete Schülerleistungen

Aufgabe	AFB	Punkte	nachzuweisende Kompetenzen
1	I II	7 4	Daten aus den Klimadiagrammen ablesen und eintragen A Sommer: kühl; Winter: mild, ganzjährig feucht B Sommer: warm; Winter: kalt, ganzjährig niederschlagsarm
2	II	5	Gemeinsamkeiten: beide Orte liegen in der gemäßigten Klimazone, wärmster und kältester Monat gleich Unterschiede: im Klimadiagramm B sind die Sommer wärmer, die Winter kälter; der Temperaturunterschied ist größer, die Niederschläge sind geringer
3	III	5	Klimadiagramm A gehört zum maritimen Klima, d. h. die Station liegt am Meer. Das Meer erwärmt sich im Sommer langsamer als das Land, es wirkt im Sommer kühlend. Im Winter kühlt sich das Meer langsamer ab und wirkt so wärmend. Damit sind hier die Temperaturgegensätze zwischen Sommer und Winter geringer als an der Station B mit Kontinentalklima. Am Meer fällt der meiste Niederschlag. Da die Station B weit vom Meer entfernt liegt, hat sich der Niederschlag abgeregnet.
4	II	2	A: Westeuropa, B: Osteuropa
Punkte		23	

AFB I : AFB II : AFB III = 7 Punkte (30 %) : 11 Punkte (48 %) : 5 Punkte (22 %)

1. Umrissrätsel

Ermittle mithilfe des Atlas, welche geographischen Objekte im Umriss dargestellt sind.
Nenne die richtigen Antworten.

a) Welche Insel ist dargestellt?
- ☐ Zypern
- ☐ Sardinien
- ☐ Island
- ☐ Sizilien

b) Welches Land ist dargestellt?
- ☐ Österreich
- ☐ Bulgarien
- ☐ Ungarn
- ☐ Schweiz

c) Welches Gebirge ist dargestellt?
- ☐ Karpaten
- ☐ Apenninen
- ☐ Alpen
- ☐ Pyrenäen

2. Kreuzworträtsel

Löse das Rätsel und ermittle das Lösungswort.

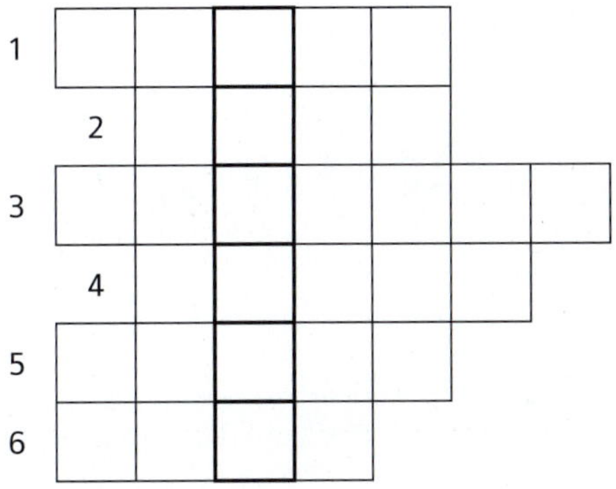

1 Insel im östlichen Mittelmeer
2 Währung der Europäischen Union
3 nördlichster Punkt Europas
4 längster Fluss Europas
5 höchstes Gebirge Europas
6 Grenzgebirge im Osten Europas

Lösungswort: ______________________

Kompetenz-Check

Hier sind die Kompetenzen aufgeführt, die du in diesem Kapitel erwerben konntest.
Schätze deinen erreichten Stand der Kompetenzentwicklung selbst ein:

😄 sehr gut   🙂 gut   😐 befriedigend   ☹ mangelhaft

Ich kann ...	😄	🙂	😐	☹	Noch unsicher? Schlage nach auf S. ...
... die Abgrenzung des Kontinents Europa beschreiben.					136
... eine Herkunft des Namens Europa erläutern.					136
... Länder den einzelnen Großräumen zuordnen.					137
... das Leben von Kindern in Europa mit meinem vergleichen.					138–139
... die kulturelle Einheit und Vielfalt Europas aufzeigen.					140–141
... Merkmale des Reliefs und des Gewässernetzes von Europa erläutern.					142–143
... große Flüsse Europas nennen und deren Bedeutung beschreiben.					144–145
... die Nord-Süd-Abfolge der Klima- und Vegetationszonen Europas nennen und Zusammenhänge erläutern.					146–147
... Klimatypen der gemäßigten Zone von West nach Ost nennen, deren Merkmale beschreiben und erklären.					150–151
... Klimadiagramme lesen und ermittelte Daten vergleichen.					148–149

6 Landschaften und ihre Nutzung

Glazial geprägte Landschaften	156
Eiszeitliches Abtragungsgebiet	158
Leben und Wirtschaften in Nordeuropa	160
Eiszeitliches Ablagerungsgebiet	164
Vielfältige Nutzung	166
Hochgebirgslandschaft Alpen	170
Entstehung eines Faltengebirges	174
Leben und Wirtschaften in den Alpen	176
GeoMethode: Ein Rollenspiel durchführen	181
GeoMethode: Eine erdgeschichtliche Zeittafel lesen	182
GeoKompetenzen	183

In diesem Kapitel erwirbst du folgende Kompetenzen und wendest diese an:

- vom Inlandeis geprägte Landschaften beschreiben und deren Entstehung erklären,
- die vielfältige Nutzung der Abtragungs- und Ablagerungsgebiete erläutern,
- die Hochgebirgslandschaft der Alpen charakterisieren,
- die Entstehung eines Faltengebirges beschreiben,
- Nutzung und Maßnahmen zum Schutz der Alpen diskutieren.

M1 *Die Alpen bei Sankt Magdalena im Villnösstal (Südtirol / Italien)*

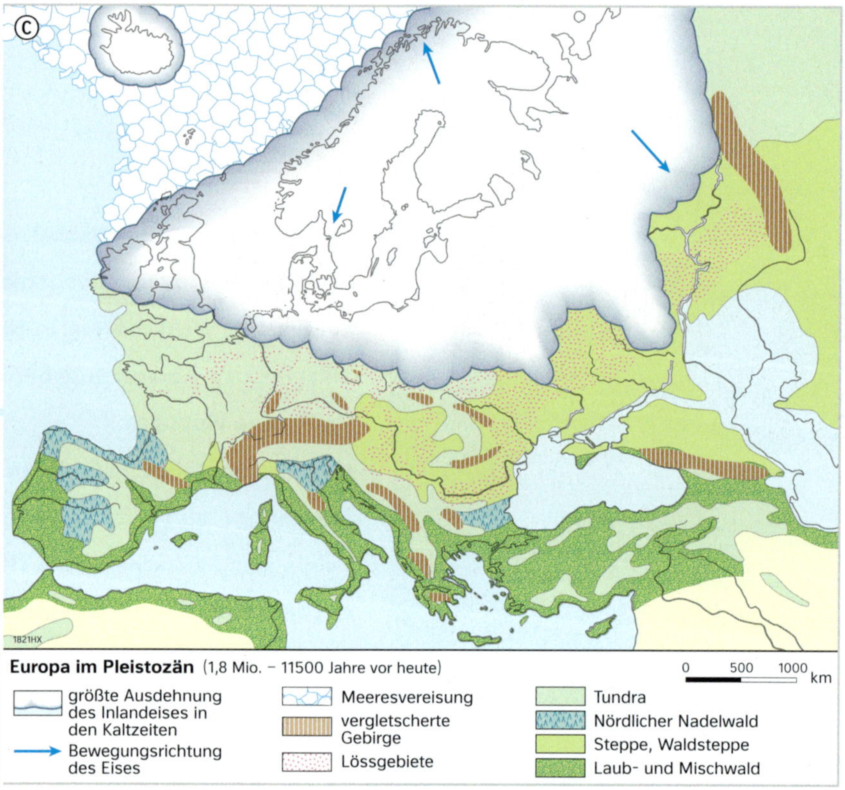

M1 *Europa im Pleistozän (A: Menschen haben ein Wollhaarnashorn erlegt; B: wollhaarige Mammuts)*

Gletschertypen

Als *Inlandeis* werden jene Gletscher bezeichnet, die ganze Regionen mit all ihren Reliefformen vollständig überziehen.

Gebirgsgletscher bilden sich in Hochgebirgsnischen, sogenannten Karen. In Form von langen schmalen Talgletschern fließen sie als Gletscherzungen ins Tal hinab.

Breiten sie sich am Gebirgsfuß aus, werden sie als *Vorlandgletscher* bezeichnet.

Vom Inlandeis geformt

Weite Teile Nord-, West-, Mittel- und Osteuropas erhielten ihr heutiges Aussehen durch gewaltige **Gletscher** und ihr Schmelzwasser. Ein besonderer Abschnitt der Erdgeschichte, das Eiszeitalter (= **Pleistozän**), begann vor etwa 1,8 Millionen Jahren. Im Eiszeitalter wechselten sich Warm- und Kaltzeiten mehrfach ab. In den Kaltzeiten sanken die Temperaturen im Vergleich zu heute weltweit um bis etwa 10 °C. In weiten Gebieten rund um die Pole und auch in den Hochgebirgen fiel der Niederschlag nur noch als Schnee. Da er durch die andauernde Kälte nicht abtauen konnte, häuften sich immer mächtiger werdende Schneemassen an.

Durch das große Gewicht der Schneedecke wurde der lockere Schnee zu Eismassen zusammengepresst. Sie erreichten Höhen von über 3000 Metern. Das Inlandeis drang von Nordeuropa aus mehrfach weit nach Süden vor (M1). Zeitgleich bildeten sich Gletscher in den Hochgebirgen (z. B. Alpen), die sich oft bis in ihre Vorländer erstreckten. In den Warmzeiten dagegen schmolz das Eis weitgehend ab. Alle Formen, die während der Eiszeit entstanden sind, werden als glaziale Formen bezeichnet. Es bildeten sich typische Landschaften heraus. Diese können nach ihrem Formenschatz den Abtragungs- oder Ablagerungsgebieten zugeordnet werden.

1. Beschreibe die Ausdehnung des Inlandeises in Europa.

2. Erkläre, wie Gletscher im Eiszeitalter entstanden.

Fragen an eine Gletscherforscherin (Glaziologin)

M2 *Glaziologin bei der Arbeit*

Lebten im Pleistozän Tiere und Menschen in Nord- und Mitteleuropa?
Ja, allerdings mussten sie sich an die Kälte anpassen. Denkt nur an das Mammut oder die warme Fellkleidung der Steinzeitmenschen. Teilweise mussten sie vor den vordringenden Gletschern nach Süden ausweichen.

Wie mächtig sind die Eismassen auf der Erde heute?
Die gewaltigste Eiskappe lagert über dem Kontinent Antarktika. Sie ist bis zu 4800 Meter mächtig. Über Grönland erreicht das Inlandeis eine Höhe von rund 3400 Metern.

Kann man über einen Gletscher wandern?
Ja, aber es sollte ein erfahrener Führer dabei sein. Zur Ausrüstung gehören Seil, Schuhe mit Eispickel, Sonnenbrille, warme Kleidung. Neben der rutschigen Oberfläche sind Eisspalten besonders gefährlich.

Was passiert, wenn die Poleiskappen und Gletscher abschmelzen?
Dies hätte schwerwiegende Folgen. Es käme zu einem Meeresspiegelanstieg. Weite Küstengebiete würden überflutet. Viele Städte würden unter Wassermangel leiden, da rund 70 Prozent des Trinkwassers im Eis gespeichert sind. Tiere wie die Eisbären sind schon heute von der Eisschmelze betroffen.

Wie schnell bewegen sich Gletscher vorwärts?
Wenn Gletscher immer neue Schneemassen als „Nahrung“ erhalten, schieben sie sich vorwärts.
Die Geschwindigkeit der Bewegung hängt vor allem vom Relief, dem Gefälle und dem Eigengewicht des Eispanzers ab. Alpengletscher erreichen Geschwindigkeiten von 60 bis 200 Metern im Jahr. Auf Grönland können es 30 Meter am Tag sein.

M1 *Nordeuropa*

M3 *Blick in einen Fjord*

Oberfläche vom Eis geprägt

Weite Teile Nordeuropas gehören zum eiszeitlichen Abtragungsgebiet mit typischen Oberflächenformen (M2).
Beim mehrfachen Vordringen des Inlandeispanzers hobelte das Eis mit seinem ungeheuren Gewicht Kuppen und Bergspitzen des skandinavischen Gebirges zu einer Hochfläche ab. In den Vertiefungen, den Felswannen, bildeten sich Moore und Seen. Diese wellige, meist baumlose Landschaft mit Tundrenvegetation wird Fjell genannt. Hier wachsen Flechten, Moose und Zwergsträucher.

Der Wechsel von Felsbuckeln, Felswannen und flachwelligen Hochflächen wird auch als Rundhöckerlandschaft bezeichnet. Durch den Anstieg des Meeresspiegels um etwa 100 Meter beim Abschmelzen des Eises wurden an den Küsten Teile dieser Rundhöckerlandschaft überflutet. Viele der Rundhöcker ragen heute als Felsinseln an der skandinavischen Küste empor. Sie werden Schären genannt. Eine weitere beeindruckende, eiszeitliche Landschaftsform Nordeuropas sind die **Fjorde** (M3, M4).

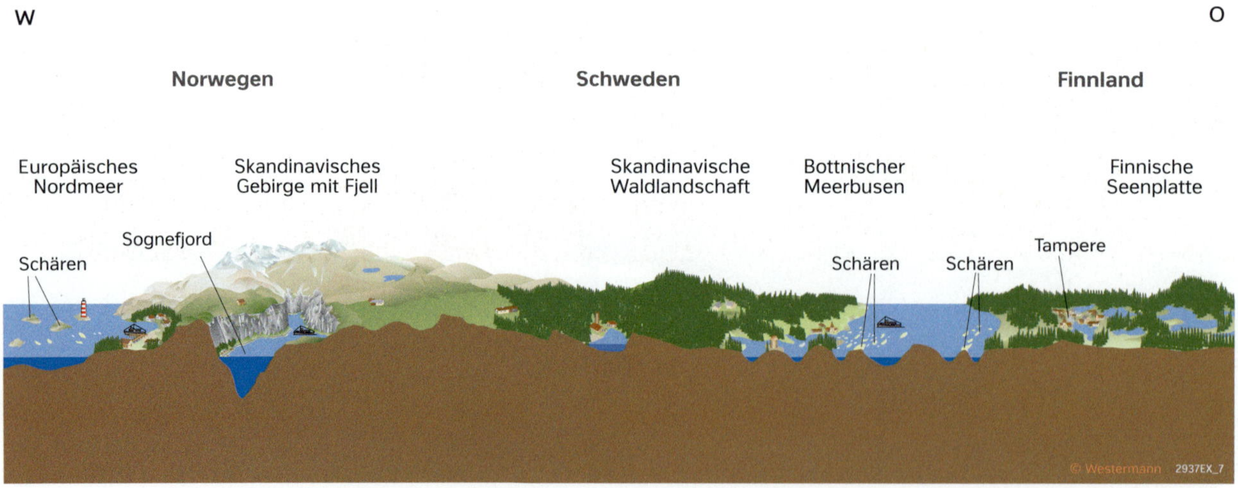

M2 *Skandinavien – ein Landschaftsquerschnitt*

100800-106, 100800-107
schueler.diercke.de

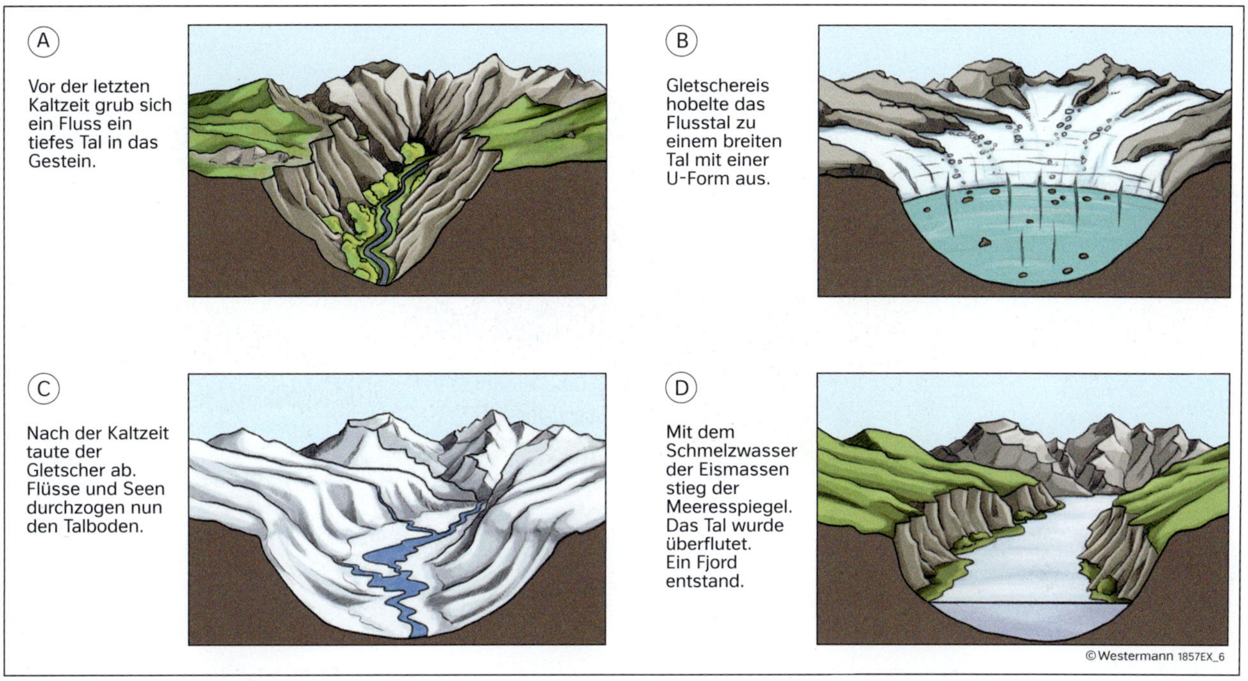

M4 *Entstehung eines Fjordes*

M5 *Abtragungsformen*

1. Nenne und beschreibe Oberflächenformen in Skandinavien, die durch Gletschereis entstanden sind.

2. Beschreibe unter Nutzung von M4 die Entstehung von Fjorden. Nenne drei große Fjorde (Atlas).

M1 *Im Geirangerfjord (rechts: Schiff der Hurtigruten)*

M2 *Linienweg der Hurtigruten*

Mit der Hurtigrute in Richtung Nordkap

Hurtigrute bedeutet auf Norwegisch die „schnelle Route". Die Schiffe der Hurtigruten-Linie werden sowohl als Kreuzfahrtschiffe als auch als Versorgungsschiffe genutzt. Auf diesen Schiffen dürfen aber auch Touristen mitfahren.

Es ist der 21. Juni. Um 9.00 Uhr legt das Postschiff in Bergen ab. Zwanzig Passagiere sind mit an Bord. Das erste Ziel der Reise ist der Sognefjord. Bis dorthin durchfährt das Schiff ein Gewirr von kleinen Schären. Die Einfahrt in den Fjord ist überwältigend schön. Die Felswände an den Seiten sind bis zu 1000 Meter hoch. Nur ein schmaler Streifen entlang des Fjords ist teilweise besiedelt. Die Dörfer bestehen oft nur aus wenigen Häusern. Meist leben hier Fischer und Bauern. Das Schiff ist an der Küste und in den Fjorden das wichtigste Verkehrsmittel. Nach sehr vielen Haltepunkten ist nach sieben Tagen der Ort Honningsvåg in der Nähe des Nordkaps erreicht. Es ist inzwischen Mitternacht und immer noch taghell. Während das Schiff noch weitere Orte anfährt, geht es für die Touristen mit dem Bus zum Nordkap. Das ist ein unvergessliches Erlebnis. Nach Rückkehr des Schiffes treten die Passagiere wieder ihre Rückreise an.

„Die Schiffsverbindung der Hurtigruten-Linie gibt es schon seit dem Jahre 1893. Früher fuhren noch keine Touristen auf den Schiffen mit.
Die Verbindung diente früher ausschließlich der Versorgung der einheimischen Bevölkerung. Es gab nur wenige Straßenverbindungen. Im Winter waren einige Orte nicht erreichbar. Heute werden auch Versorgungsflugzeuge eingesetzt, die Bedeutung der Schiffe für die Versorgung geht zurück. Der Tourismus ist seit einiger Zeit die Haupteinnahmequelle der Hurtigruten."

M3 *Ein Einheimischer aus Tromsø berichtet.*

M4 *Tromsø um 23 Uhr im Sommer (21. Juni)*

M6 *Tromsø um 14 Uhr im Winter (22. Dezember)*

Tromsø, 21. Dezember 2019

Liebe Anke,

gern denke ich an deinen Besuch bei uns im Juni zurück. Erinnerst du dich noch, wie wir bis spät in die Nacht rumgetobt haben und die Sonne schien? Nun ist ein halbes Jahr vergangen. Den ganzen Tag ist es dunkel, nur gegen Mittag dämmert es etwas am Horizont.
Du wolltest wissen, warum wir diesen extremen Wechsel zwischen Licht und Dunkelheit haben. Die Erdachse ist um 23,5° geneigt. Deshalb bestrahlt die Sonne die beiden Erdhalbkugeln nicht gleich; im Sommer mehr die Nord- und im Winter mehr die Südhalbkugel. Dadurch herrschen in den Polargebieten Polartag oder Polarnacht. Je weiter du dich vom ***Polarkreis*** *Richtung Pol bewegst (Entfernung: ca. 2 600 Kilometer), desto länger dauern sie, von einem Tag bis zu einem halben Jahr. Nicht nur die Menschen haben ihr Leben darauf eingerichtet, sondern auch das Pflanzenwachstum und die Tierwelt mussten sich daran anpassen.*

Viele Grüße sendet dir
dein Björn

M5 *Sonne in der Nacht – Dunkelheit am Tag*

	Dauer des Polartages*	Dauer der Polarnacht*
Nordpol	186 Tage	179 Tage
Kap Barrow (Alaska)	76 Tage	69 Tage
Inuvik (Kanada)	54 Tage	48 Tage
Polarkreis	1 Tag	1 Tag

* Aufgrund der unregelmäßigen Form der Erde ist es nicht genau ein halbes Jahr.

1. Verfolge die Route des Postschiffes (M2, Atlas) und erläutere dessen Bedeutung.
2. Vergleiche die Fotos (M4 und M6). Erkläre die Unterschiede mithilfe eines Globus.

M1 *Vegetations- und Anbaugrenzen*

M2 *Zellulose- und Papierfabrik Kuusanniemi (Finnland)*

Grenzen der Landwirtschaft

In allen nordeuropäischen Ländern hat die Landwirtschaft nur einen geringen Anteil von zwei bis vier Prozent an der Wirtschaft. Die Ursachen dafür sind vor allem in den natürlichen Verhältnissen zu suchen. Gut für den Ackerbau sind nur die mittleren und südlichen Landesteile geeignet. Im Norden ist es für den Anbau von zahlreichen Kulturpflanzen wie Weizen oder Zuckerrüben zu kalt. Licht fehlt in der Zeit der Polarnacht.

Neben dem Ackerbau liegt der Schwerpunkt der Landwirtschaft auf der Tierhaltung (Rinder, Schafe, Schweine). In den Küstenregionen werden traditionell Fischfang und Fischzucht betrieben.

Nordeuropas „grünes Gold“

Die ausgedehnten Nadelwälder, die in Nordeuropa zu finden sind, stellen einen großen Reichtum dar. Holz ist ein wichtiger Rohstoff für den Hausbau und die Möbelherstellung. Es dient vor allem aber zur Zellstoff- und Papiergewinnung und findet auch im Fahrzeug- sowie Schiffbau Verwendung. In Finnland sind nahezu zwei Drittel der Fläche mit Wald bedeckt. Somit steht der Rohstoff Holz der finnischen Holzwirtschaft fast unbegrenzt zur Verfügung. Um den Holzreichtum aber auch in Zukunft nutzen zu können, sind die Finnen an einer nachhaltigen Forstwirtschaft interessiert. Nur die Bestände mit einem Alter von 80 bis 120 Jahren sowie kranke und schwache Bäume werden gefällt. Danach wird aufgeforstet.

1. Beschreibe die landwirtschaftliche Nutzung in Nordeuropa. Stelle Zusammenhänge mit den klimatischen Verhältnissen her. Werte dazu eine Klimakarte aus (Atlas).
2. Begründe, weshalb Holz als „grünes Gold“ bezeichnet werden kann.
3. Erläutere, wie die Ressource Holz erhalten bleiben soll.

100800-108, 100800-109
schueler.diercke.de

Europas „grüne Batterie“

Skandinavien, insbesondere Norwegen, besitzt gute Voraussetzungen für die Nutzung der Wasserkraft: steile Fjordwände, an denen zahlreiche Wasserfälle herunterstürzen, lange Flüsse und große Seen. Wasser kann aufgestaut und damit günstig Strom erzeugt werden. Norwegen ist der größte Wasserkraftproduzent Europas. Das Land erzeugt 96 Prozent seines Energiebedarfs durch Wasserkraft. Außerdem wird Energie in andere nordeuropäische Länder exportiert. Ab 2020 kommt es auch zum Austausch von „grünem“ Strom zwischen Norwegen und Deutschland (M3). Dafür wird ein über 600 Kilometer langes Stromkabel verlegt.

M3 *Aufstauen von Flusswasser zur Stromerzeugung in Norwegen*

Erz aus Nordschweden

Kiruna ist die nördlichste Stadt Schwedens. Gegen Ende des 19. Jahrhunderts wurden hier unter dem Berg Kirunavaara riesige Eisenerzvorkommen entdeckt. Früher konnte das Eisenerz noch im Tagebau abgebaut werden. Heute ist die Eisenerzmine in Kiruna die größte unterirdische Mine der Welt. Der Abtransport des Erzes ist aufgrund des Klimas nördlich des Polarkreises schwierig. Der schwedische Hafen von Luleå ist im Winter häufig nicht eisfrei. Große Mengen an Eisenerz müssen deshalb über den durch den Golfstrom ganzjährig eisfreien norwegischen Hafen Narvik verschifft werden. Die rauen Lebensbedingungen aufgrund des subpolaren Klimas und der halbjährigen Dunkelheit bereiten vielen Menschen Probleme.

M4 *Kiruna und das Bergwerk im Kirunavaara*

(www.tennet.eu/de/unser-netz/internationale-verbindungen/nordlink)

M5 *Die Bahnlinie Luleå – Narvik*

4 Begründe, weshalb Norwegen der größte Produzent von Energie aus Wasserkraft ist.

5 Informiere dich über die neue Stromlieferung nach Deutschland.

6 Nenne Probleme beim Abbau von Eisenerz in Nordschweden.

7 Ermittle Länder, in die schwedisches Eisenerz geliefert wird (Atlas).

Moräne

Das vom Eis transportierte und abgelagerte Material und die dadurch entsprechende Form im Gelände werden als Moräne (französisch: moraine = Geröll) bezeichnet.

Ablagerungsformen im Tiefland

Das heutige Mitteleuropäische Tiefland war mehrmals von einem Inlandeispanzer bedeckt. Bei den mehrmaligen Gletschervorstößen wurden riesige Mengen Gesteinsschutt mit den Gletschern, auf und in ihnen transportiert, zerkleinert und zerrieben. Beim Abschmelzen des Inlandeises wurde das mitgeführte Material abgelagert. Das vom Eis an der Unterseite und im Inneren des Gletschers transportierte Material blieb nach dem Abtauen als Grundmoräne liegen. In deren Vertiefungen haben sich Seen gebildet. Die mächtigen Ablagerungen bilden heute das flachwellige Relief in weiten Teilen des Mitteleuropäischen Tieflandes. Als Endmoränen werden die zum Wall aufgetürmten Schuttmassen, die die Gletscher vor sich ablagerten, bezeichnet. Sie durchziehen weite Teile Europas als Höhenzüge. Aus den Endmoränen spülte das abfließende Schmelzwasser Kiese und Sande aus und lagerte diese vor der Endmoräne nach und nach auf weiten Flächen, den Sandern, ab. In parallel zum Eisrand verlaufenden Abflussrinnen sammelte sich das Schmelzwasser. Über diese sogenannten Urstromtäler flossen die Wassermassen weiter in das Meer ab. Die Aufeinanderfolge der Oberflächenformen Grundmoräne, Endmoräne, Sander und Urstromtal wird als **glaziale Serie** (lat.: glazial = das Eis betreffend) bezeichnet. Diese Abfolge tritt aber oft nicht so ideal auf. Jeder Eisvorstoß überformte auch die vorher geschaffenen Landschaften.

M1 *Ablagerungsformen im Mitteleuropäischen Tiefland (Ausschnitt)*

1. Beschreibe die Entstehung der Oberflächenformen im eiszeitlichen Ablagerungsgebiet.
2. Nenne die Formen, die durch das Eis, das Schmelzwasser und durch den Wind geschaffen wurden.

100800-052 schueler.diercke.de

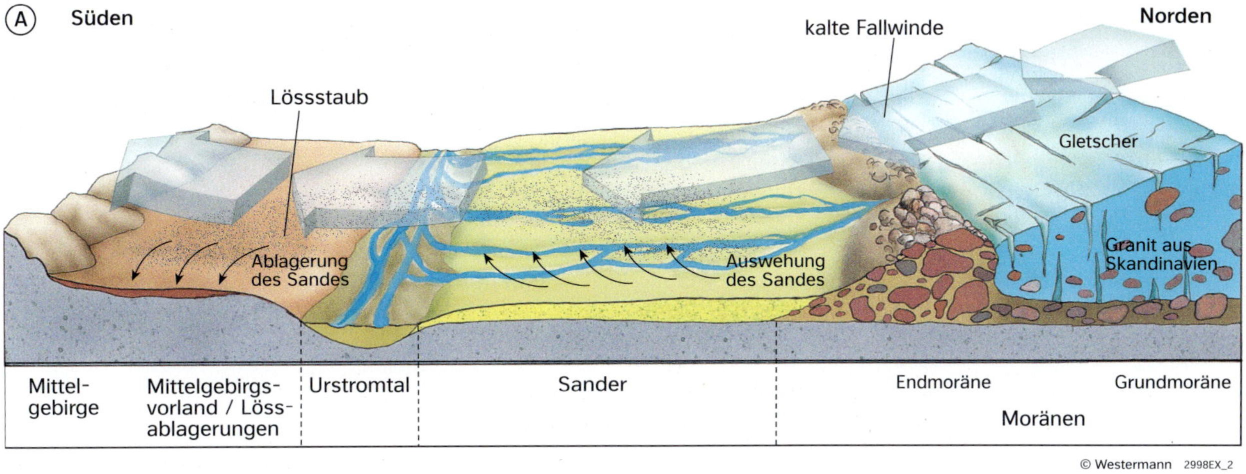

M2 *Tiefland Ⓐ während der Eiszeit und Ⓑ nach der Eiszeit*

M3 *Oberflächenformen der glazialen Serie im Mitteleuropäischen Tiefland*

Glaziale Serie	Grundmoräne	Endmoräne	Sander	Urstromtal
Relief	flachwellig	deutlich hügelig	flach	flaches Tal
Ablagerungen	Lehm mit Steinen und Findlingen	Sand, Lehm mit Steinen und Findlingen	Sand, Kies	Auelehm, Sand
Eignung	zumeist fruchtbar	Steine und Hangneigung erschweren landwirtschaftliche Nutzung	trocken, wenig fruchtbar	fruchtbar, aber nass
typische Nutzung	überwiegend Ackerbau, Lesesteinwälle begrenzen Felder, Wiesen/Weiden	Laub-/Nadelwald, Wiesen/Weiden, Ackerbau auf nicht zu steilen Hängen	Kartoffeln, Gerste, Spargel, Kiefernforste	Viehhaltung auf Wiesen/Weiden

M1 *Eigenschaften und landwirtschaftliche Nutzung der glazialen Serie heute*

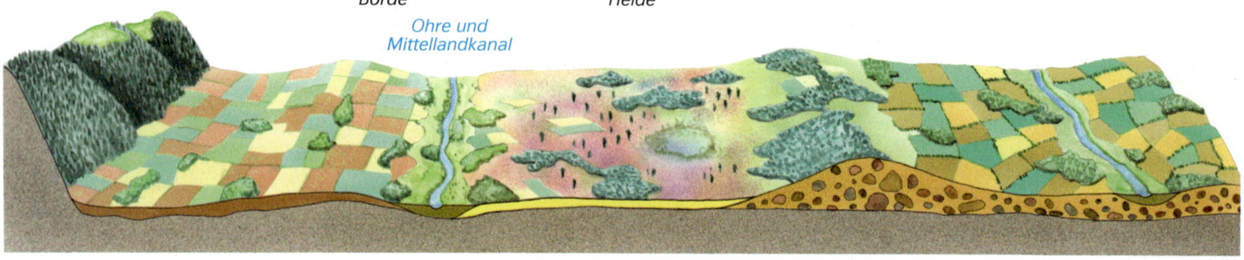

M2 *Die glaziale Serie in Sachsen-Anhalt heute*

M3 *Findling*

Die Altmark

Der Norden Sachsen-Anhalts wird von einem flachwelligen Hügelland, der Altmark, eingenommen. Bewaldete Höhenrücken, Äcker, Heideflächen sowie Wiesen und Weiden in den Niederungen wechseln einander ab. Entstanden sind die Oberflächenformen in erdgeschichtlich junger Zeit, im Pleistozän. In der Landschaft sind vielerorts mächtige Feldsteine zu sehen. Man nennt sie Findlinge. Riesige Eismassen haben sie aus Nordeuropa hierher transportiert.

Der nördliche Teil der Altmark ist eine ausgedehnte Grundmoränenlandschaft. Ihr fruchtbarer Boden wird ackerbaulich genutzt.

Den Süden der Altmark durchziehen Endmoränen und Sander. Hier befinden sich umfangreiche Waldgebiete, die der Forstwirtschaft dienen. Die Hellberge, Teil eines Endmoränenzuges, der sich nordwestlich von Gardelegen befindet, sind mit bis zu 160 m die höchste Erhebung der Altmark.

1. Beschreibe Merkmale der Teile der glazialen Serie und ihre Nutzung.
2. Erläutere, was Findlinge sind und woher sie stammen.

M4 *Heidelandschaft*

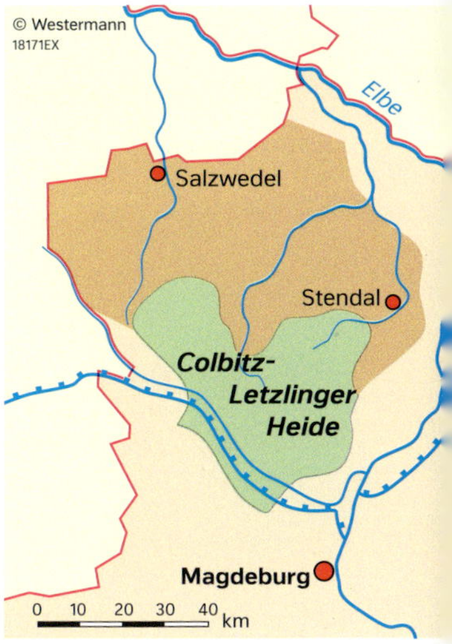

M5 *Die Colbitz-Letzlinger Heide*

In der Colbitz-Letzlinger Heide

Die Colbitz-Letzlinger Heide ist eine Sanderfläche und gehört zum Südlichen Landrücken.

Das Landschaftsbild prägen große Kiefernbestände und Mischwälder. Im Spätsommer gibt das violett blühende Heidekraut der Landschaft noch einen besonderen Reiz.

Die Colbitz-Letzlinger Heide ist eine sehr dünn besiedelte Gegend Deutschlands. Lange Zeit war sie das Jagdgebiet der preußischen Könige. Siedler versuchten immer wieder, dem Wald Ackerland abzuringen, ohne großen Erfolg.

Bis in die heutige Zeit wird ein Teil der Heide als Truppenübungsplatz der Bundeswehr genutzt.

Die Colbitz-Letzlinger Heide hat einige Besonderheiten zu bieten. In der Nähe der Gemeinde Colbitz befindet sich der größte geschlossene Lindenwaldbestand Europas. Er nimmt eine Fläche von ca. 200 Hektar ein.

Wegen ihrer besonderen Bodenstruktur, die auf die Eiszeiten zurückgeht, ist die Colbitz-Letzlinger Heide auch ein riesiger Grundwasserspeicher. Das Wasserwerk Colbitz versorgt über 700000 Menschen mit Wasser.

Vor allem die Bevölkerung von Magdeburg und Umgebung erhält das ausgezeichnete Trinkwasser aus der Heide.

M6 *Krokodil Theophil, der Liebling der jüngeren Besucher des Wasserwerkes Colbitz. Seit 30 Jahren hat das Krokodil sein Zuhause in einem Terrarium des Wasserwerkes.*

3. Beschreibe die Lage der Colbitz-Letzlinger Heide.

4. Charakterisiere ihre Vegetation und die Nutzung.

www.klassewasser.de
(→ Das Urstromtal)

Im Urstromtal

In den Urstromtälern flossen die Schmelzwässer des Inlandeises vorwiegend nach Nordwesten in die damals eisfreie Nordsee ab. Noch heute folgen Flüsse wie die Elbe, die Oder, die Havel und die Spree dem Verlauf der Urstromtäler.

Ihre Nutzung wird durch den hohen Grundwasserspiegel bestimmt. Auf Wiesen kann Viehwirtschaft betrieben werden. Eine ackerbauliche Nutzung ist nach einer Entwässerung dieser Gebiete möglich.

Die Flüsse, die die Urstromtäler durchfließen, dienen der Binnenschifffahrt und der Fischzucht.

Wichtige Verkehrswege

Die Elbe und die Oder sind über mehrere Kanäle miteinander verbunden.

Dabei müssen teilweise Höhenunterschiede von über 30 Metern überwunden werden. Das erfolgt mithilfe von Schleusen oder Schiffshebewerken (vgl. auch S. 85).

Das bekannteste und älteste Schiffshebewerk Deutschlands befindet sich in Niederfinow bei Eberswalde. Schiffe fahren dabei in einen mit Wasser gefüllten Schiffstrog ein. Nach dem Schließen der Tore werden die Schiffe mithilfe von Gegengewichten wie in einem Fahrstuhl befördert. Dazu benötigt das Schiffshebewerk circa 20 Minuten.

M1 *Das alte Schiffshebewerk Niederfinow (links) und das sich im Bau befindliche neue Hebewerk (rechts, 2018)*

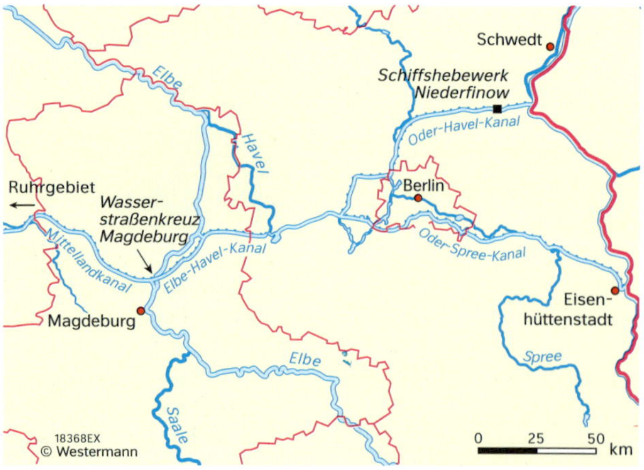

M2 *Das Wasserstraßennetz zwischen Elbe und Oder*

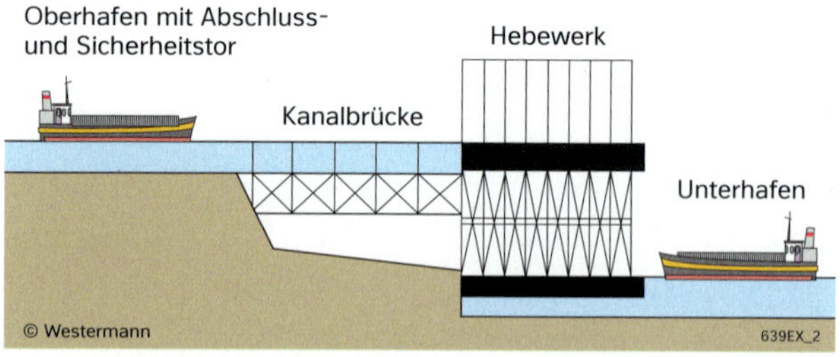

M3 *Grafik Schiffshebewerk*

1 Beschreibe und begründe den Verlauf der Flüsse in Norddeutschland.

2 Der Oder-Spree-Kanal wurde in einem Urstromtal gebaut. Begründe.

M5 *Abgang einer Lawine*

M8 *Warnzeichen für Lawinengefahr*

Herausforderung der Natur

Hochgebirge wie die Alpen beeinflussen seit jeher das Leben der Menschen. Steinschläge, Erdrutsche, Bergstürze und Hochwasser stellen dabei besondere Gefahren dar. Auch muss das gesamte Jahr über mit rasch wechselndem Wetter gerechnet werden.

In den Wintermonaten sind ganze Gebirgsregionen kaum zugänglich. Dann droht eine weitere Gefahr: Als Lawine kann der abgelagerte Schnee mit großer Wucht donnernd ins Tal stürzen und Personen, Häuser und Straßen unter sich begraben.

Wenn die Hänge zu Frühlingsbeginn durch Schmelzwasser oder starken Regen sehr durchfeuchtet sind, können Schlammströme entstehen. Diese als Muren bezeichneten Massenbewegungen schieben sich schnell zu Tal und richten oft großen Schaden an. Häufig ist auch der Mensch selbst Verursacher von Lawinen- und Murenabgängen: Abgeholzte Gebirgswälder und unachtsame Touristen lösen diese Katastrophen aus. Bauliche Maßnahmen an den Hängen und ein angepasstes Verhalten sollen Schutz bieten.

M6 *Abgang einer Mure*

M7 *Lawinenschutz*

1. Beschreibe die Tätigkeit der Gletscher in den Alpen.
2. Erläutere, welche Folgen die globale Erwärmung für die Alpengletscher hat.
3. Nenne Massenbewegungen in der Natur, die zur Gefahr für den Menschen werden.
4. Informiere dich über Schutzmaßnahmen.

M1 *Gesteinsfalten in den Alpen*

M3 *Versteinerung*

M4 *Abdruck eines Fisches*

Die Alpen – ein aufgefaltetes Gebirge

Dort, wo heute die Alpen liegen, war vor 100 Mio. Jahren ein riesiges Meer. Flüsse, die in dieses Meer mündeten, transportierten Steine, Sand und auch Ton. Das mitgeführte Material lagerte sich auf dem Meeresboden ab.
Im Meer lebten viele Arten von Fischen, Krebsen, Muscheln und Korallen. Abgestorbene Reste von Pflanzen und Tieren sanken auf den Meeresboden. Im Laufe von Jahrmillionen bildete sich daraus eine bis zu 1000 m dicke Schicht aus Kalkmaterial.
Diese Schichten lagen zunächst waagerecht. Zwei Erdkrustenplatten, die eurasische und afrikanische, bewegen sich seit Jahrmillionen aufeinander zu. Die Schichten wurden in der Tiefe zusammengeschoben, man sagt auch aufgefaltet. Das **Faltengebirge** Alpen war entstanden. In langen Zeiträumen erfolgte die Hebung der Alpen zu einem Hochgebirge.

i Faltengebirge
Gebirge, das durch Auffaltung entstanden ist; durch seitlichen Druck werden ursprünglich waagerecht liegende Gesteinsschichten gefaltet und herausgehoben

Fossilien (lat.: fossilis = ausgegraben) sind zumeist Überreste von Pflanzen und Tieren. Sie legen Zeugnis ab über das frühere Leben auf unserem Planeten und sind älter als 10 000 Jahre. Fossilien kommen als Versteinerungen (z. B. Muscheln, Saurierskelette) oder Abdrücke (z. B. Blätter, Fußspuren) vor. Nur die wenigsten Lebewesen werden zu Fossilien. Sie müssen unter Luftabschluss geraten. Dies geschieht in einem Flussbett oder auf dem Meeresgrund. Sie können aber auch im Eis eingefroren werden (z. B. Mammute im Dauerfrostboden in Sibirien) oder in Baumharz eingeschlossen sein, das zu Bernstein wird.

M2 *Fossilien*

www.youtube.com
(→ Was sind Fossilien?)

1. Beschreibe die Entstehung der Alpen.
2. Vergleiche mit der Entstehung von Mittelgebirgen.

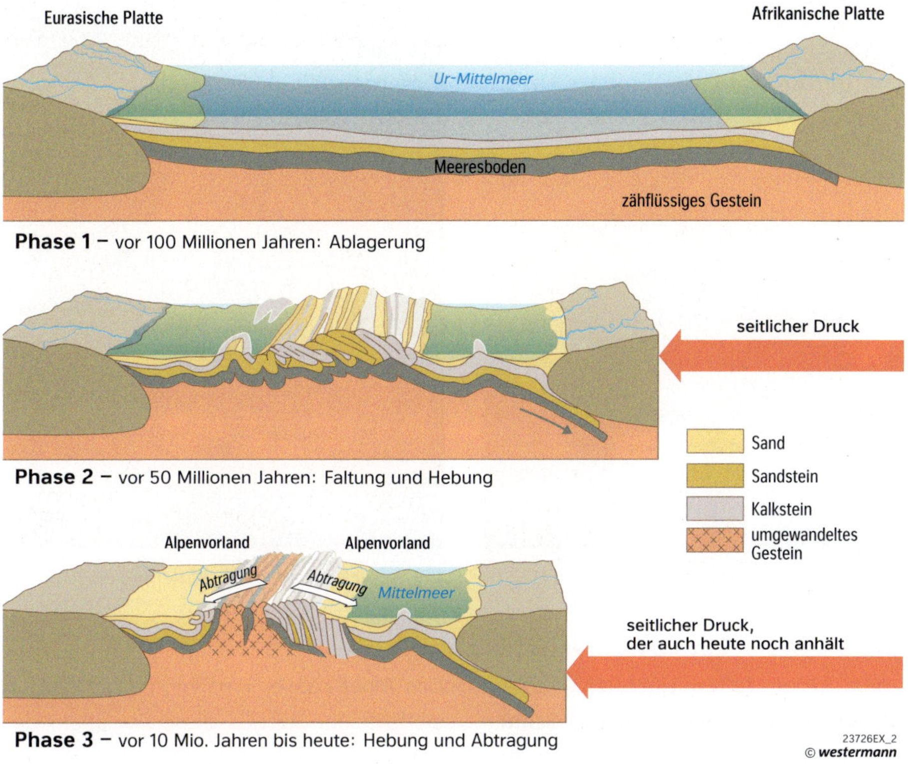

M5 *Die Entstehung der Alpen*

Phase 1
Afrika und Europa sind durch ein Meer voneinander getrennt. Auf dem Meeresboden befinden sich verschiedene Sedimentschichten.

Phase 2
Afrika bewegt sich auf Europa zu. Für diesen Prozess sind gewaltige Kräfte im Erdinneren zuständig. Durch den Druck werden die Gesteinsschichten verformt und aufgefaltet. Gleichzeitig setzt die Heraushebung des Gebirges ein.

Phase 3
Der Prozess der Heraushebung hält auch heute noch an. Gleichzeitig verwittern die obersten Schichten der Alpen und werden abgetragen.

Das Alpenvorland

Das niedrig gelegene Alpenvorland besteht bis in einige Kilometer Tiefe aus Sedimenten. Es ist Material, das aus den Alpen stammt. Sobald die Alpen als Gebirge aus dem Meer emporragten, setzte die Verwitterung ein: Hitze, Frost, Wasser, Wind und Lebewesen lockern und zerkleinern die Gesteinsoberfläche. Wasser, Wind und Gletscher transportieren das verwitterte Material in die Täler und weit ins Alpenvorland. Dort wird der Gesteinsschutt schließlich abgelagert. So besteht das Alpenvorland größtenteils aus abgelagertem „Alpenschutt".

1. Lege drei (verschiedenfarbige) Handtücher übereinander.
2. In die Mitte zwischen die Handtücher kannst du eine Muschel (oder ein kleines Stück Papier) legen.
3. Drücke deine Hände links und rechts auf das Handtuch.
4. Bewege die rechte Hand zur linken Hand.

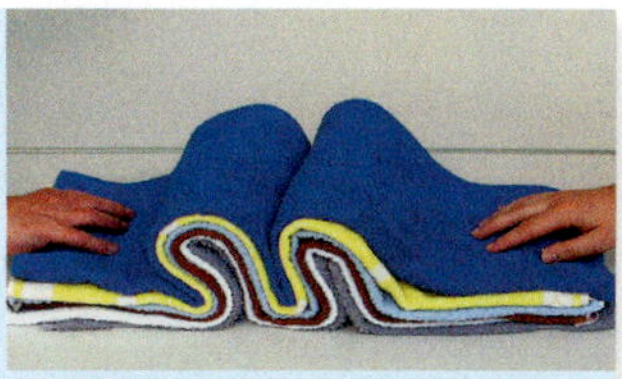

Beschreibe deine Beobachtungen. Erkläre mithilfe des Versuches, wie die Alpen entstanden sind.

M6 *Experiment*

3 Erkläre, weshalb in so großen Höhen Muscheln zu finden sind.

4 Begründe, weshalb die Alpen nicht stärker in die Höhe wachsen.

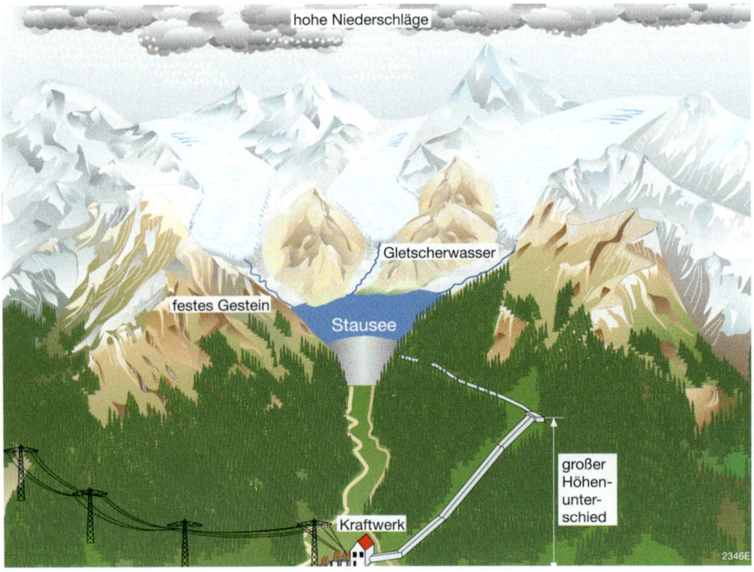

M1 *Voraussetzungen für den Bau eines Speicherkraftwerkes*

M3 *Speicherkraftwerk Walchensee*

Alpenwasser – ein kostbarer Schatz

In den Alpen fallen reichlich Niederschläge. Viel Wasser ist auch in Schnee und Eis gespeichert. Oft hört man den Ausspruch: Die Alpen sind das „Wasserschloss" Europas.

www.youtube.com (→ Alpentransit)

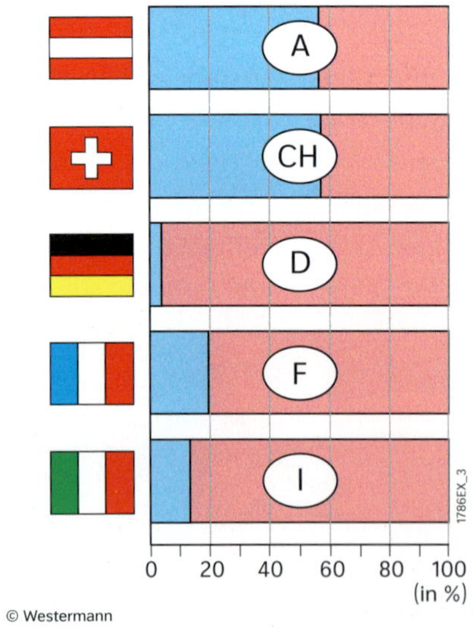

M2 *Anteil der Wasserkraft an der Stromerzeugung (2018)*

Das Alpenwasser wird von den Menschen vielfach genutzt. Es dient vor allem der Wasserversorgung der Bevölkerung und der vielen Touristen in den Alpenländern. Auch viele Menschen in den Vorländern erhalten Trinkwasser aus den Alpen. In Frankreich, Norditalien und Süddeutschland werden große landwirtschaftliche Flächen mit Alpenwasser bewässert.
Seit den 1960er-Jahren setzen die Betreiber von Skipisten Schneekanonen ein. Diese verbrauchen pro Jahr so viel Wasser wie eine Stadt mit einer Million Einwohnern.
Die größte Bedeutung hat das Alpenwasser für die Stromerzeugung. Schon früh haben die Bewohner der Alpen die Flüsse aufgestaut und an diesen kleine Elektrizitätswerke errichtet.
Später begann man, das Regenwasser und das Schmelzwasser der Gletscher in großen Stauseen aufzufangen. Heute gibt es in den Alpen mehr als 500 Großkraftwerke und Tausende Klein- und Kleinstkraftwerke.

1. Erläutere, weshalb die Alpen auch als „Wasserschloss" bezeichnet werden.
2. Vergleiche den Anteil der Wasserkraft an der Stromerzeugung von Alpenländern (M2). Begründe.

M4 *Ein „durchlöcherter" Berg*

M6 *Die Alpen – ein Hindernis*

Die Alpen – ein bedeutender Verkehrsraum

Die Alpen sind der am häufigsten besuchte Hochgebirgsraum der Welt.

Für den Transport von Personen und Gütern wurden Passstraßen gebaut, Brücken errichtet, Tunnel in den Fels getrieben und Eisenbahnlinien angelegt.

Heute erreichen die Reisenden selbst die entferntesten Täler innerhalb der Alpen.

Bedingt durch ihre Lage mitten in Europa stellen die Alpen für Reisende und den Gütertransport auch eine natürliche Barriere dar. Der Durchgangsverkehr (Transit) von Mittel- nach Südeuropa und umgekehrt wird dadurch stark beeinflusst.

Zu Staus an den Alpentunneln kommt es regelmäßig, wenn nördlich des Gebirges die Ferien beginnen.

Fahrzeugkolonnen aus Personenwagen und Lastkraftwagen stauen sich manchmal kilometerweit.

Lärm und Abgase sind dann besonders für die Bewohner der Alpentäler und die Natur eine große Belastung.

1982	152 000
1992	492 000
2002	938 000
2012	852 000
2017	954 000

M8 *Anzahl der alpenquerenden Straßenfahrzeuge durch die Schweiz (Güterverkehr)*

M5 *Verkehrswege durch die Alpen*

Alpenübergänge	**Passhöhe**	**Tunnellänge**	
Pass oder Tunnel		**Straße**	**Eisenbahn**
Mont-Blanc-Tunnel	–	11,6 km	–
Großer Sankt Bernhard	2469 m	5,8 km	–
Sankt-Gotthard-Pass	2108 m	16,3 km	15,0 km
Arlbergtunnel	1793 m	14,0 km	10,2 km
Reschenpass	1506 m	–	–
Brennerpass	1374 m	–	–
Sankt-Gotthard-Tunnel	–	–	57 km

M7 *Ausgewählte Alpenübergänge*

3 Erläutere, weshalb die Alpen ein bedeutender Verkehrsraum sind und wie sie erschlossen wurden.

4 Ein Lkw liefert Güter von Mailand nach Zürich. Ermittle Tunnel, die durchfahren werden (Atlas).

M1 *Trendsportarten – was tun, was lassen?*

www.planet-wissen.de
(→ Alpen, Massentourismus)

www.alpine-pearls.com

Die Alpen – ein Touristenmagnet

Die Alpen sind ein begehrtes Reiseziel. Das gesamte Jahr über besuchen Tausende Touristen das Hochgebirge. Sie wollen die faszinierende Natur genießen.

Bis zur Mitte des 20. Jahrhunderts gab es diese weiträumige, naturnahe Landschaft auch noch weitgehend. Die Bergwiesen und ausgedehnten Wälder lockten die Touristen vor allem zum Wandern an. Heute möchten sich die Menschen stärker sportlich betätigen. Sie fahren z. B. Abfahrtsski, Snowboard und Mountainbike. Deshalb wurden die Berge durch Seilbahnen und Skilifte erschlossen. Wanderwege wurden angelegt. Aus der großen Naturlandschaft entstand so innerhalb von 50 Jahren die größte Ferienlandschaft Europas. Pro Jahr verbringen über 60 Millionen Besucher in den Alpen ihren Urlaub. Am Fremdenverkehr (= Tourismus) hängen in den Alpen viele Arbeitsplätze. Gleichzeitig verschafft er den Touristenorten wichtige Geldeinnahmen. Deswegen wollen die Orte den Tourismus nicht verlieren. Es sollen viele Menschen bei ihnen Urlaub machen. Wegen der großen Zahl der Gäste spricht man auch vom Massentourismus.

1. Die Alpen werden das ganze Jahr über viel besucht. Erkläre.
2. Erläutere, dass der Tourismus ein wichtiger Wirtschaftsfaktor ist.

1. Eiszeit-Rätsel

Übertrage das Rätsel in dein Heft und löse es. Nutze auch Nachschlagewerke.

1 große Eismassen
2 Tätigkeit des Eises im Norden
3 Ablagerungsformen
4 aus dem Norden transportierter Stein
5 vom Eis geformte Hochfläche
6 mit Meerwasser gefülltes Tal

Lösung: ______________________

1		L							
2	A		T						G
3	M			Ä			N		
	4								
		5					L		
	6		J						

2. Bilderrätsel

Gesucht werden Urlaubsziele in den Alpen.

① 

Berggipfel (2962 m)

② 

Straße über die Alpen

③ 

Gewässer im Alpenvorland

④ 

Berg bei Oberstdorf (2224 m)

Kompetenz-Check

Hier sind die Kompetenzen aufgeführt, die du in diesem Kapitel erwerben konntest. Schätze deinen erreichten Stand der Kompetenzentwicklung selbst ein:

😀 sehr gut 🙂 gut 😐 befriedigend ☹ mangelhaft

Ich kann ...	😀	🙂	😐	☹	Noch unsicher? Schlage nach auf S. ...
... die Ausdehnung des Inlandeises während der Eiszeit (Pleistozän) erläutern.					156–157
... die Oberflächenformen im Abtragungsgebiet beschreiben und deren Entstehung erklären.					158–159
... die Nutzung der glazial geprägten Landschaften Nordeuropas erläutern.					160–163
... den Zusammenhang zwischen Abtragung, Transport und Ablagerung durch das Inlandeis erklären.					164
... die Formen der glazialen Serie und deren Nutzung am Beispiel von Sachsen-Anhalt erläutern.					166–167
... die Merkmale eines Hochgebirges am Beispiel der Alpen beschreiben und mit denen eines Mittelgebirges vergleichen.					170–173
... die Phasen der Entstehung eines Faltengebirges beschreiben.					174–175
... die vielfältige Nutzung der Alpen und Nutzungsprobleme aufzeigen.					176–179
... Maßnahmen zum Schutz der Hochgebirgslandschaft erläutern und diskutieren.					180–181

Umweltschutz in der EU

Seit der Klimakonferenz 1972 in Stockholm ist die Erhaltung der Umwelt wichtiger Bestandteil der Politik der Europäischen Union. Die Aufgabe besteht darin, über Grenzen hinweg die Umwelt zu schützen und ihre Qualität zu verbessern. Die Europäische Umweltagentur (EUA) mit Sitz in Kopenhagen sammelt Daten über die Umweltsituation in den Mitgliedsstaaten. Bei der Bewilligung von Fördermaßnahmen und -geldern spielen diese Gesichtspunkte eine wichtige Rolle. Nur umweltverträgliche Projekte erhalten heute EU-Hilfen.

Die EU hat 1992 ein Gütezeichen für Produkte eingeführt, die von der Herstellung bis zum Verbrauch umweltfreundlich sind (M6). In die Bewertung fließen vor allem die Boden- bzw. Gewässerverschmutzung, Lärmverursachung, der Energieverbrauch und das Abfallaufkommen ein. Die Euroblume hilft uns dabei, umweltbewusster einzukaufen und regt die Produzenten zu einer umweltverträglicheren Herstellung an. Die EU-Umweltpolitik verfolgt folgende vier Schwerpunkte: Klimaschutz, Natur/biologische Vielfalt, Umwelt/Gesundheit, natürliche Ressourcen/Abfälle.

M6 *Europäisches Umweltzeichen (kurz: Euroblume oder EU-Eco-Label)*

Die Ostsee soll das am stärksten verschmutzte Meer der Erde sein. Durch Schifffahrt, Fischerei, Tourismus, Landwirtschaft und Flüsse gelangen viele Schadstoffe in das Wasser und an die Küsten.
Die neun Ostseeanrainerstaaten, in denen 150 Millionen Menschen leben, arbeiten seit 1974 nach der HELCOM-Übereinkunft zum Schutz des Ostseeraumes zusammen. Ein Aktionsplan der EU soll diese Zusammenarbeit noch vertiefen.

M4 *Zusammenarbeit zum Schutz der Ostsee*

Kein anderer Fluss der Erde hat so viele Anrainerstaaten wie die Donau. Im Rahmen der EU-Vorhaben im Donauraum werden gemeinsame Projekte in den Bereichen Umwelt, Energie, Kultur, Tourismus durchgeführt.
2009 wurde in Budapest der Rat der Donaustädte und -regionen (RDSR) gegründet. In ihm arbeiten mittlerweile über 80 Städte und Regionen mit. Sie tragen zur Entwicklung einer starken europäischen Großregion entlang der Donau mit einer guten Wasserqualität bei.

Donau mit Frachtschiff in Rumänien

M5 *Zusammenarbeit entlang der Donau*

2. Begründe, weshalb Umweltschutz nur grenzübergreifend gelingen kann.

3. Nenne Beispiele für den Umweltschutz in Europa. Beziehe das EU-Umweltzeichen ein.

Gemeinsame Ziele einer Euroregion

- Entwicklung der Wirtschaft
- Schaffung und Sicherung von Arbeitsplätzen
- Ausbau des Straßen- und Eisenbahnnetzes
- Vereinbarungen über den Umweltschutz
- Abbau der Grenzen „auf den Karten und in den Köpfen“

M1 *Euroregionen an den deutschen Grenzen*

Euroregion – grenzüberschreitende Zusammenarbeit

An den Grenzen Deutschlands sind Euroregionen entstanden.

In einer Euroregion leben auf beiden Seiten der Grenze Menschen, die viele geschichtliche, religiöse, kulturelle sowie wirtschaftliche Gemeinsamkeiten haben. Der Name setzt sich aus „Europa“ und „Region“ zusammen.

Erstmals wurde der Begriff Euroregion (auch Euregio) an der deutsch-niederländischen Grenze geprägt. In einer Euroregion arbeiten die Bewohner über die Grenzen hinweg zusammen. Das geschieht auf wirtschaftlichem Gebiet, aber auch Feste, kulturelle und sportliche Veranstaltungen organisiert man gemeinsam.

1. Erläutere, wozu Euroregionen eingerichtet werden.

2. Ermittle die Euroregion, in der die Zahnärztin und der Bäcker arbeiten.

M2 *Euroregion Pomerania*

Euroregion Pomerania

„Hej, Hej, Dzien dobry, Guten Tag" – so grüßt man sich in der Pomerania. Durch vielfältige Kontakte wird die Grenze zwischen Polen und Deutschland überwunden. Radio „Pomerania" informiert täglich zwei Stunden lang über Themen aus der Region. Es gibt Schüleraustausche und gemeinsame Kultur- und Musiktage.

Ein zentrales Projekt ist das Deutsch-Polnische Gymnasium Löcknitz, eine Europaschule, in der seit 1994 polnische und deutsche Schüler gemeinsam in gemischten Klassen zum Abitur geführt werden. Von den rund 400 Schülerinnen und Schülern kommt ca. ein Viertel aus Polen. Viele der deutschen Schüler wählen Polnisch als zweite Fremdsprache.

Zahlreiche Menschen fahren zum Einkaufen oder Tanken über die Grenze ins Nachbarland. Es entstehen immer mehr private Kontakte und Freundschaften. Polnische Handwerksfirmen und Händler erschließen deutsche Märkte, deutsche Städte werben Mieter aus Polen.

Euroregion Pomerania
- 77 Städte und Gemeinden Westpommerns sowie Stettin; ca. 1,4 Mio. Ew.
- 6 Landkreise und 2 kreisfreie Städte Vorpommerns und Brandenburgs; ca. 840 000 Ew.

EUROREGION POMERANIA
POLSKA DEUTSCHLAND

www.pomerania.net

M3 *Deutsch-polnische Zusammenarbeit im Bereich Bildung*

3. Beschreibe die Lage der Euroregion Pomerania (M1, M2).
4. Berichte über Aktivitäten in der Euroregion Pomerania.

https://mind-map-online.de/

Gedanken im „Spinnennetz" gefangen

Eine Mindmap stellt ein Gedankennetz dar. Wie eine Spinne in einem Spinnennetz sitzt das Thema in der Mitte der Mindmap. Über Haupt- und Nebenäste ist es mit allen Schlüsselbegriffen verbunden. Diese gliedern das Thema und stellen wichtige Punkte zu seiner Erläuterung dar.

Eine Mindmap kann dir als ein Überblick über ein Lehrbuchkapitel, ein komplexes Thema oder auch als Stichpunktzettel für einen Vortrag dienen.
Durch eine farbliche Gestaltung wird die Übersichtlichkeit verbessert. Du kannst eine Mindmap auch online erstellen, speichern und ausdrucken.

So gehst du vor

1. Das Hauptthema schreibst du in die Mitte des Blattes und kreist es ein.
2. Die übergeordneten Schlüsselwörter schreibst du in Großbuchstaben auf die vom Thema ausgehenden Hauptäste.
3. Von den Hauptästen zweigen Nebenäste ab. Darauf trägst du untergeordnete Schlüsselwörter ein.
4. Von den Nebenästen kannst du weitere Äste abzweigen lassen, wenn es für dich sinnvolle weitere Unterpunkte gibt.

   Beachte: Du musst nur aufpassen, dass es nicht zu viele Äste sowie Beschriftungen werden. Sonst wird die Mindmap unübersichtlich.

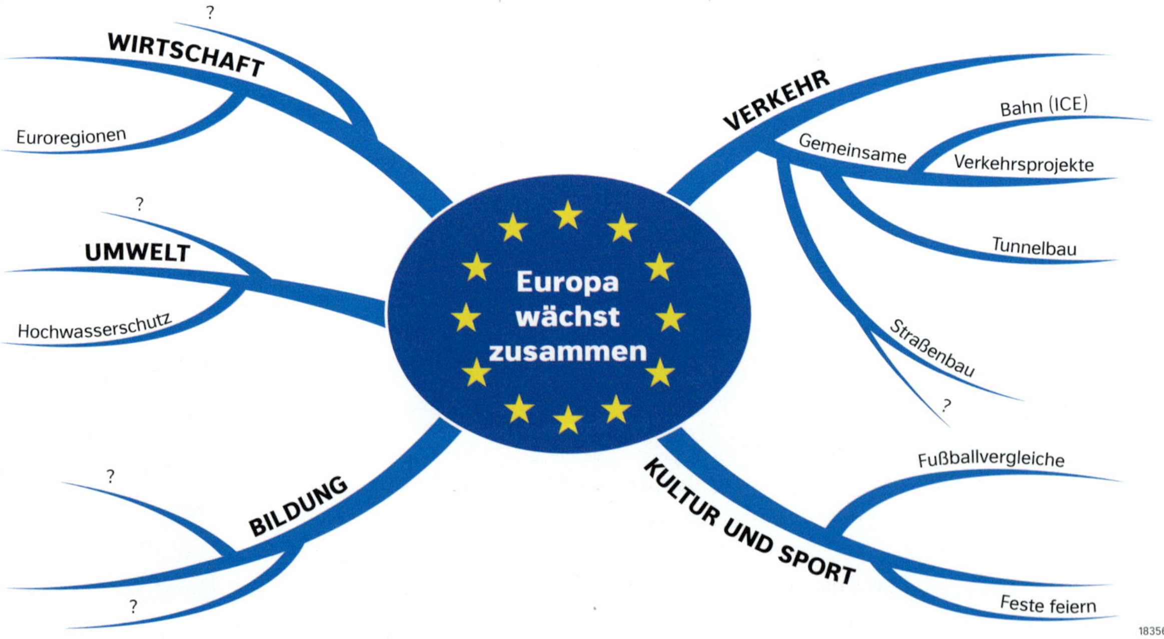

M1 *Mindmap zum Thema „Europa"*

1. Ergänze die Mindmap. Nutze dazu das Schulbuchkapitel und das Internet.
2. Fertige selbst eine Mindmap zu einem Industriegebiet oder einer Metropole an. Orientiere dich an der Schrittfolge.

1. Begriffe prüfen

Suche in den Wortreihungen den jeweils nicht dazu passenden Begriff. Bilde anschließend jeweils einen Oberbegriff.

a) Paris, Madrid, Wien, Rom, Barcelona, Moskau, Prag
b) Tower, Tower Bridge, Buckingham Palast, Akropolis, Big Ben
c) Mittelengland, Norditalien, Ruhrgebiet, Sizilien, Katalonien, Ostböhmen
d) Europaflagge, Europameisterschaft, Euro, Euroregion, Binnenmarkt
e) Airbus, Ariane, Boeing, europäisches Hochgeschwindigkeitsnetz, Galileo

2. Industrierätsel

Löse das Rätsel:

1 europäisches Flugzeug
2 Produkt aus Kohle und Eisen
3 Industriestadt in Norditalien
4 größter Hafen Europas
5 Industriestadt in Mittelengland
6 Stadt mit besonderer Bedeutung

1
2
3
4
5
6

Lösung: ____________________

Kompetenz-Check

Hier sind die Kompetenzen aufgeführt, die du in diesem Kapitel erwerben konntest. Schätze deinen erreichten Stand der Kompetenzentwicklung selbst ein:

😃 sehr gut 🙂 gut 😐 befriedigend ☹ mangelhaft

Ich kann ...	😃	🙂	😐	☹	Noch unsicher? Schlage nach auf S. ...
... die Verteilung von Wirtschaftsregionen in Europa beschreiben und Gründe für ihre Entstehung nennen.					186–187
... die Bevölkerungsdichte in Europa mithilfe von thematischen Karten beschreiben und mit anderen Karten vergleichen.					188–189
... Metropolen Europas nennen und deren Merkmale an Beispielen nachweisen.					190–195
... die Struktur ausgewählter Wirtschaftsregionen beschreiben.					196–201
... den Strukturwandel eines Verdichtungsraumes analysieren und mit einem Verdichtungsraum in Deutschland vergleichen.					196
... die Ziele der Europäischen Union erläutern und Mitgliedsländer nennen.					202–203
... Beispiele der Zusammenarbeit in Europa auf verschiedenen Gebieten aufzeigen.					204–207
... die Bedeutung von Euroregionen erläutern.					208–209
... eine Mindmap anfertigen.					210

Republik Island	
Fläche:	103 000 km²
Einwohner:	0,35 Mio.
Bevölkerungsdichte:	3,5 Einw./km²
Hauptstadt:	Reykjavik (0,13 Mio. Einw.)
Währung:	Isländische Krone

M1 *Dettifoss – gewaltigster Wasserfall Europas*

M3 *Oosterschelde*

Republik Ungarn	
Fläche:	93 030 km²
Einwohner:	9,76 Mio.
Bevölkerungsdichte:	105 Einw./km²
Hauptstadt:	Budapest (1,7 Mio. Einw.)
Währung:	Forint

M2 *Fischerbastei in Budapest*

M4 *Danzig*

maximale Wassertiefe	23 m
Fahrrinne zur Nordsee Tiefe Länge	 26 m 57 km
Kailänge für Seeschiffe	75 km
Seeschiffe pro Jahr	29022
Binnenschiffe pro Jahr	105000
feste Schifffahrtslinien und von diesen angefahrene Häfen	500 1200
Kapazität der Öltanks	31 Mio. m^3
Länge Hafenpipelines	1500 km
Länge Hafenstraßen	185 km

Quelle: Hafen Rotterdam 2016

M3 *Steckbrief: Hafen Rotterdam*

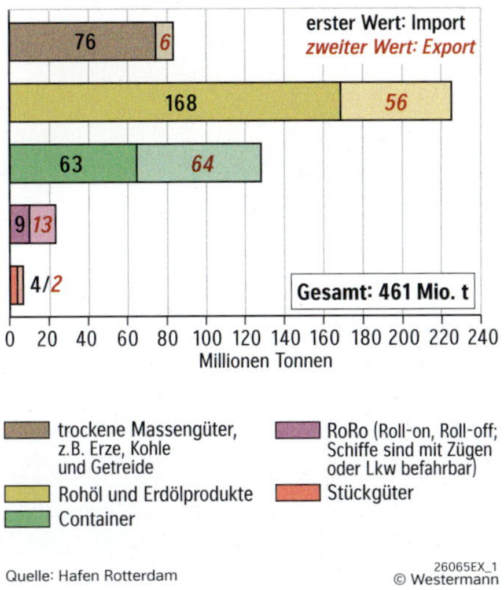

M5 *Umschlag des Hafens Rotterdam nach Gütern (2016)*

Container

Diese Stahlbehälter vereinfachen den Gütertransport. Das aufwendige, zeitintensive und daher teure Verladen einzelner Güter entfällt. Container sind weltweit nach TEU „Twenty Foot Equivalent Unit“ genormt (6,06 m lang, 2,44 m breit, 2,59 m hoch). Ein schnelles Umladen zwischen Bahn, Lkw und Schiff ist so möglich.

Rotterdam-Europoort ist der größte Umschlaghafen Europas. Die Fläche, die er einnimmt (124 km^2), ist nur wenig kleiner als die von Halle (Saale) (135 km^2). Über den Hafen wird ein großer Teil des Im- und Exports von Rohstoffen und Industriegütern der europäischen Staaten abgewickelt. Rotterdam verdankt seine Bedeutung vor allem der günstigen Lage im Mündungsbereich von Rhein und Maas in die Nordsee. Diese Verbindung zum offenen Meer, die ausreichend tiefe Fahrrinne für Supertanker, aber auch die perfekten Verkehrsverbindungen über Flüsse und Kanäle garantieren den Erfolg Rotterdams. Eine überragende Bedeutung hat der Hafen für den Erdölumschlag. Der Europoort mit vier Erdölraffinerien zählt zu den größten Rohölverarbeitungszentren weltweit.

Welthafen Rotterdam

M4 *Europas Tor zur Welt*

1. Wähle mindestens drei Faktoren einer Raumanalyse aus (M1, S. 215). Analysiere die Niederlande hinsichtlich dieser Faktoren. Nutze dazu S. 224 und den Atlas.
2. Beurteile Rotterdam hinsichtlich seiner Verkehrsgunst (Atlas).
3. Beschreibe den Weg eines Containers von Rotterdam nach Koblenz.

M1 *Lage von Rumänien*

M3 *Landwirtschaft in Rumänien*

M5 *Skiurlaub in den Karpaten*

M2 *Graf Dracula – Wahrheit oder Legende?*

Land zwischen Tradition und Moderne?

Rumänien ist das größte südosteuropäische Land und gehört zu den sogenannten Balkanstaaten. Ähnlich wie in Deutschland gibt es hier die Oberflächenformen Gebirge, Hügel- und Tiefland. Im Vergleich zu den meisten europäischen Ländern war Rumänien stets ein armes Land. Etwa ein Drittel der erwerbstätigen Bevölkerung arbeitet in der Landwirtschaft. Es werden Weizen, Zuckerrüben, Gemüse, Obst, Mais und Wein angebaut. Auf vielen Bauernhöfen wird Nutzvieh gehalten, auch die Fischzucht hat eine große Bedeutung.

Weil die Löhne in Rumänien niedriger sind als in anderen europäischen Ländern, haben einige Firmen aus anderen Ländern hier Fabriken eröffnet. So können Produkte kostengünstiger hergestellt werden.

Besonders stark wächst in Rumänien der Tourismus. In den Karpaten kann man im Winter einen Ski- und im Sommer einen Wanderurlaub verbringen. Im Sommer ist auch die Küste des Schwarzen Meeres ein beliebtes Reiseziel für Touristen aus dem Ausland. Entlang der Küste gibt es zahlreiche Badeorte und schöne Sandstrände.

www.helleskoepfchen.de
(→ Graf Dracula)

M4 *Hauptstadt Bukarest*

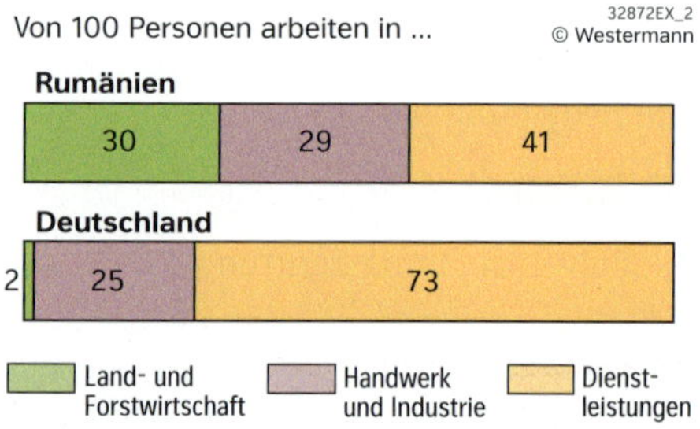

M6 *Beschäftigungsbereiche von Rumänien und Deutschland im Vergleich*

1 Beschreibe die geographische Lage Rumäniens und seine Oberflächenformen (Atlas).

2 Vergleiche die Beschäftigungsbereiche Rumäniens mit denen in Deutschland (M6).

Zeitungen bieten ihren Leserinnen und Lesern viele interessante Nachrichten und Mitteilungen zu ganz verschiedenen Themen. Sie möchten informieren und zum Nachdenken anregen.
Im Unterricht können Arbeitsergebnisse ähnlich wie in einer Zeitung als Wandzeitung präsentiert werden. Wandzeitungen bestehen aus einer Sammlung von selbst geschriebenen Texten, aufgenommenen Fotos, gezeichneten Grafiken, Tabellen usw.
Eine Wandzeitung fertigt ihr am besten in Kleingruppen an.

1. Die Wandzeitung macht einen ordentlichen und übersichtlichen Eindruck.
2. Die Überschrift ist groß genug und gut lesbar.
3. Die Texte und Bilder passen zum Thema.
4. Alle Materialien haben eine Unter- oder Überschrift.
5. Die Texte sind sauber und fehlerfrei geschrieben.
6. Die Teile sind logisch angeordnet.

M6 *Checkliste*

M5 *Schülerinnen und Schüler erstellen eine Wandzeitung.*

So gehst du vor

1. Material beschaffen und verarbeiten
- Beschafft euch Materialien zu dem Thema, das ihr vorstellen möchtet. Informationen findet ihr zum Beispiel im Lexikon, in Zeitschriften, in Zeitungen oder im Internet.
- Stellt euch die Informationen gegenseitig vor und trefft eine Auswahl.
- Überlegt euch gemeinsam, wie ihr die Informationen klar und interessant gestalten könnt.
- Fertigt Kopien von den Materialien an (*Tipp:* Mit dem Fotokopierer kann man Darstellungen vergrößern!) oder zeichnet Grafiken, Karten und Diagramme. Schreibt kurze Texte zum Thema, die später auf die Wandzeitung geklebt werden. Beachtet, dass ihr möglichst groß schreiben müsst.

2. Wandzeitung erstellen
- Besorgt euch einen großen Bogen Karton oder Tapete.
- Legt die einzelnen Darstellungen probeweise darauf.
- Klebt die Materialien anschließend auf.
- Weitere Hinweise oder Verbindungslinien zwischen Texten und Bildern könnt ihr direkt einzeichnen.
- Kontrolliert anhand der Checkliste (M6), ob ihr alle wichtigen Punkte berücksichtigt habt.

3. Wandzeitung präsentieren
Schreibt eure Namen auf die Wandzeitung und hängt sie an einer freien Stelle im Klassenraum oder an einer Stellwand auf.
Präsentiert sie anderen Schülerinnen und Schülern.

1. Fertigt eine Wandzeitung zu einem Land an.
Orientiert euch an der Schrittfolge.

2. Präsentiert die Wandzeitung euren Mitschülerinnen und Mitschülern.

Ein Vortrag ist eine gute Möglichkeit, um anderen Schülerinnen und Schülern Informationen zu einem Thema zu präsentieren. Wichtig dabei ist vor allem: Der Vortrag muss für die Zuhörerinnen und Zuhörer so interessant sein, dass davon auch etwas im Gedächtnis haften bleibt.

Die 5-A-Technik beim Vortragen

Ansehen: Lies das Stichwort auf der Karteikarte.
Aufsehen: Sieh die Zuhörer an.
Ansprechen: Beginne erst danach mit dem Sprechen.
Aufrecht stehen: Signalisiere durch eine aufrechte Körperhaltung, dass du etwas Wichtiges zu sagen hast.
Abwechslungsreiche Sprache: Sprich nicht zu schnell, nicht zu langsam und nicht eintönig. Füge Fragen und Ausrufe in den Vortrag ein. Wähle möglichst anschauliche und konkrete Beispiele.

M1 *Tipps für einen Vortrag*

So gehst du vor

1. Vorbereitung
- Notiere auf einem Stichwortzettel oder auf Karteikarten, was du mündlich vortragen willst. Aber Achtung: keine ganzen Sätze (die liest man häufig nur ab), sondern nur Stichworte (vor allem Fachbegriffe) notieren!
- Bereite die Hilfsmittel vor, mit denen du deinen Vortrag anschaulich und einprägsam gestalten willst, zum Beispiel: Folien (M2), Plakate (M3), Fotos usw.

2. Durchführung
- Nenne das Thema deines Vortrags.
- Gib eine kurze Übersicht über den Inhalt.
- Halte dich an die Regeln der 5-A-Technik (M1).
- Nutze deine Hilfsmittel, um die Zuhörerinnen und Zuhörer zu fesseln.
- Plane am Ende Zeit ein, damit die Zuhörerinnen und Zuhörer Fragen stellen können.

3. Feedback
Frage deine Mitschülerinnen und Mitschüler:
- Wie hat euch der Vortrag gefallen?
- Was habt ihr behalten oder mitgeschrieben?
- Welche Verbesserungsvorschläge habt ihr?

- Die Präsentation soll sehr übersichtlich gestaltet sein, denn die Folien werden ja nur für kurze Zeit projiziert.
- Keine langen Texte!
- Nur einprägsame Schaubilder!

M2 *Eine Präsentation mithilfe eines Computers projizieren*

- Keine langen Texte!
- Übersichtlich gestalten!
- Wichtiges durch Farben und Markierungen hervorheben!
- Zusammenhänge kann man mit Pfeilen deutlich machen.

M3 *Das Plakat kann auch nach dem Vortrag noch einige Zeit in der Klasse hängen bleiben.*

1. Skizzen zuordnen

1. Ordne den zwei Skizzen jeweils einen Fachbegriff zu.
2. Nenne jeweils zwei Merkmale der Fachbegriffe.

2. Länder zuordnen

Lies die Aussagen und ordne ihnen ein Land aus diesem Schulbuchkapitel zu. Begründe deine Entscheidung.

Das gesuchte Land ...

... ist noch immer sehr stark durch Landwirtschaft geprägt.

... trägt den Beinamen „Insel aus Feuer und Eis".

... liegt zu einem Viertel unter dem Meeresspiegel und muss durch Deiche geschützt werden.

... hat keinen Zugang zu einem Meer und ist deshalb ein Binnenland.

... hat landschaftlich viele Gemeinsamkeiten mit Deutschland.

3. Begriffe zuordnen

Bilde Begriffspaare.

„Ungarisches Meer"	Puszta
Wasserfall	GOP
Industriegebiet	Rotterdam
Gletscher	Bukarest
Steppe	Amsterdam
Hafen	Karpaten
Wander- und Skigebiet	Dettifoss
Deltamündung	Vatnajökull
Hauptstadt	Balaton
„Venedig des Nordens"	Donau

Kompetenz-Check

Hier sind die Kompetenzen aufgeführt, die du in diesem Kapitel erwerben konntest.
Schätze deinen erreichten Stand der Kompetenzentwicklung selbst ein:

☺ sehr gut ☺ gut 😐 befriedigend ☹ mangelhaft

Ich kann ...	sehr gut	gut	befriedigend	mangelhaft	Noch unsicher? Schlage nach auf S. ...
... Faktoren für die Analyse eines Landes nennen.					214/215
... ein selbst ausgewähltes Land unter einer Fragestellung analysieren.					215, 216–230
... dabei unterschiedliche Materialien wie Texte, Bilder, Karten, Statistiken, Klimadiagramme lesen und auswerten.					216–230
... Zusammenhänge zwischen Geofaktoren und der Nutzung durch den Menschen herstellen.					216–230
... die gewonnenen Arbeitsergebnisse der Raumanalyse mithilfe einer Wandzeitung dokumentieren.					231
... die Arbeitsergebnisse in einem Vortrag präsentieren.					232
... die eigene Arbeitsweise bei der fragengeleiteten Raumanalyse beschreiben und bewerten.					215

9 Subtropische Zone als Natur- und Lebensraum

Klima und Vegetation 236

Landwirtschaftliche Nutzung 238

Unruhiger Mittelmeerraum 242

GeoMethode: Arbeit mit Handstücken 245

Urlaub am Mittelmeer 246

Klassenarbeit 250

GeoKompetenzen 251

In diesem Kapitel erwirbst du folgende Kompetenzen und wendest diese an:

- Merkmale von Klima und Vegetation der subtropischen Zone charakterisieren,
- den Mittelmeerraum als geologisch aktives Gebiet beschreiben,
- einfache Zusammenhänge zwischen Geofaktoren und der Nutzung erläutern,
- Auswirkungen der intensiven Nutzung durch Landwirtschaft und Tourismus aufzeigen und diskutieren.

M1 *Taormina (Sizilien) mit Blick auf den Ätna*

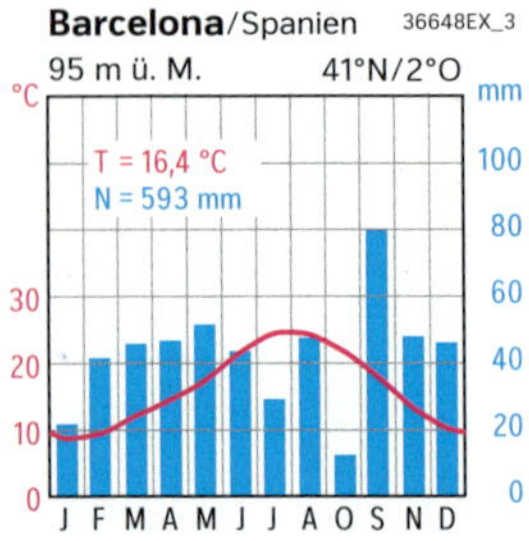

M1 *Klimadiagramm von Barcelona*

M2 *Die Lage der subtropischen Klimazone (Mittelmeerklima)*

Subtropische Klimazone

Die subtropische Klimazone schließt sich südwärts an die gemäßigte Klimazone an. Das Klima in der Mittelmeerregion ist durch heiße, trockene Sommer und milde, feuchte Winter gekennzeichnet.

Das Klima am Mittelmeer

Viele Länder in Südeuropa sind beliebte Urlaubsziele, denn hier gibt es schöne Landschaften, traumhafte Strände und im Sommer „Sonnengarantie“.

Das Thermometer erreicht dann fast täglich 30 °C. Abends ist es noch so warm, dass man lange im Freien sitzen kann. Niederschläge sind selten.

Die Menschen, die hier ständig leben, haben ihren Alltag dem Verlauf der Temperatur angepasst. Wenn die Hitze in den Mittagsstunden am größten ist, ziehen sie sich in ihre Häuser zurück. Diese Pausen (Siesta) sind in den größeren Städten und Touristenorten durch Klimaanlagen immer seltener geworden.

Während der Wintermonate transportieren Westwinde feuchte Luftmassen vom Atlantischen Ozean bis in den Mittelmeerraum. Dadurch liegen hier die Temperaturen bei etwa 10 °C. Es kommt zu lang anhaltenden, mitunter auch heftigen Niederschlägen. Das Wasser kann dann nicht so schnell abfließen und steht auf den Straßen. Während dieser Zeit sind nur wenige Touristen anzutreffen.

M3 *Sommer auf einer griechischen Insel*

1. Beschreibe das subtropische Klima. Nutze dazu auch M1.
2. Erläutere Auswirkungen auf das Leben der Menschen.

M4 *Oleander*

M6 *Feigenkaktus*

M8 *Korkeiche*

Pflanzen – an das Klima angepasst

Alle Pflanzen, die im subtropischen Klima wachsen, müssen sich gegen die Trockenheit in den Sommermonaten schützen. Viele von ihnen haben kleine, immergrüne Blätter mit harter, lederartiger oder mit Wachs überzogener Oberfläche. Den Mittelmeerraum nennt man deshalb auch Zone der Hartlaubgewächse.
Einige Pflanzenarten speichern Wasser in den Zwiebeln, Feigenkakteen dagegen in Blättern und im Stamm. Der Olivenbaum deckt mit breiten und bis zu sechs Meter tiefen Wurzeln seinen Wasserbedarf.

Nur noch an wenigen Stellen sind die ursprünglichen Wälder vorhanden. Sie wurden zum Gewinnen von Acker- und Siedlungsflächen sowie zum Heizen, Metallschmelzen und Schiffbau abgeholzt. Heute ist die Macchie, ein niedriger Buschwald, weit verbreitet (M5). Sie besteht aus einem dornigen, zwei bis vier Meter hohen Dickicht aus Lorbeer, Wacholder, Zypressen, Steineichen, Korkeichen, Myrte, Oleander, Ginster, Lavendel und Salbei.
Aufgrund der großen Trockenheit im Sommer kommt es häufig zu Bränden.

M5 *Macchie*

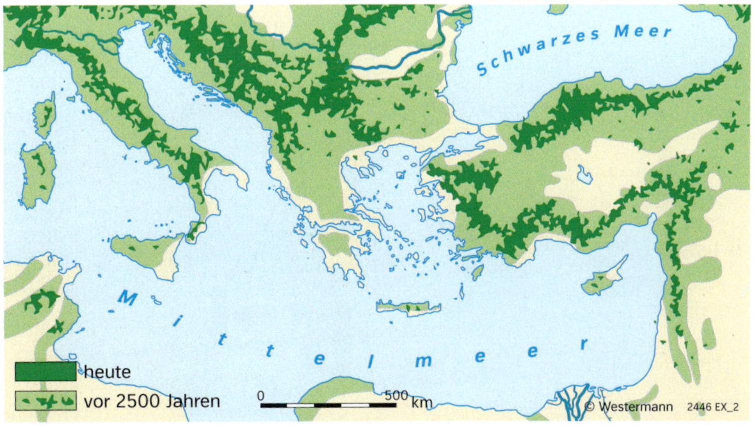

M7 *Waldverbreitung früher und heute*

3 Beschreibe, wie sich die Pflanzen an das Klima angepasst haben.

4 Begründe die starke Ausbreitung der Macchie.

M3 *Landwirtschaftliche Produkte aus Südeuropa*

Asien	Amerika
Zitrone	Tomate
Grapefruit	Paprika
Orange	Mais
Mandarine	Tabak
Aprikose	**Afrika**
Pfirsich	Dattelpalme

M1 *Herkunft ausgewählter Kulturpflanzen*

www.planet-wissen.de
(→ Olivenöl)

Obst und Gemüse aus der subtropischen Zone

Orangen, Zitronen, Mandarinen und Grapefruit, das sind Zitrusfrüchte, die wir fast das gesamte Jahr über im Supermarkt kaufen können. Auch Gemüse wie Tomaten und Paprika gehören zum ganzjährigen Sortiment.

Auf den Etiketten sind als Herkunftsgebiete meist Griechenland, Spanien, Portugal und Italien zu lesen. Aber viele der Kulturpflanzen, die wir heute als typisch für die Mittelmeerländer ansehen, waren dort ursprünglich nicht heimisch. Sie wurden aus anderen warmen und sommerfeuchten Regionen eingeführt. Da es in Südeuropa in den Sommermonaten trocken ist, gedeihen sie nur bei künstlicher Bewässerung. Zu den im Mittelmeergebiet heimischen Kulturpflanzen gehören beispielsweise Mandel-, Walnuss- und Feigenbäume sowie Melonen. Die größte Bedeutung hatten schon immer Wein, Weizen und vor allem der Ölbaum (Olive). Die Kleinbauern bauen auf ihren Feldern oft verschiedene Kulturpflanzen stockwerkartig an. So können sie die kleinen Ackerflächen besonders intensiv nutzen.

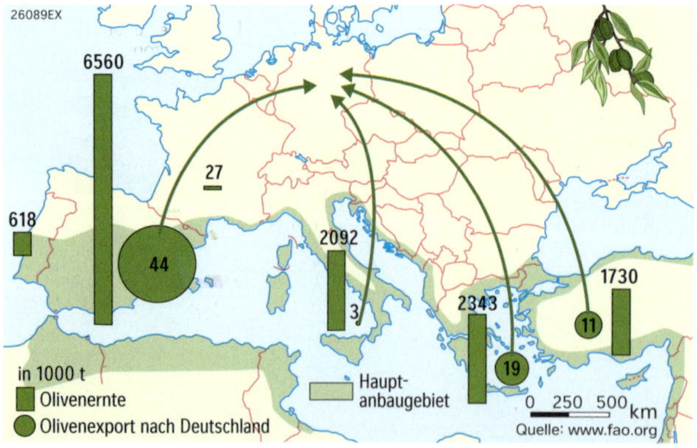

M2 *Die größten Olivenproduzenten im Mittelmeerraum*

Tomaten		Pfirsiche	
1. Italien	36,3 %	1. Spanien	34,4 %
2. Spanien	27,4 %	2. Italien	32,9 %
3. Portugal	8 %	3. Griechenland	23,2 %
Gurken		**Kirschen**	
1. Spanien	29,1 %	1. Polen	25,8 %
2. Polen	17,7 %	2. Italien	12,6 %
3. Niederlande	17,1 %	3. Spanien	10,7 %
Zucchini		**Erdbeeren**	
1. Spanien	37,6 %	1. Spanien	29,0 %
2. Italien	37,1 %	2. Polen	15,6 %
3. Frankreich	8,6 %	3. Deutschland	12,5 %

(Quelle: Eurostat 2016)

M4 *Anteil an der Obst- und Gemüseproduktion in der EU*

1. Nenne Kulturpflanzen, die in Südeuropa angebaut werden.
2. Erkunde im Supermarkt Produkte aus Südeuropa.

M5 *Furchenbewässerung*

M7 *Wasserüberleitung aus dem Westen Spaniens*

Wasser ist kostbar

Um auch in den sehr warmen und trockenen Sommern Ackerbau betreiben zu können, müssen die Felder künstlich bewässert werden. Deshalb nennt man diese Bewirtschaftungsform Bewässerungsfeldbau.

In riesigen Speicherbecken wird der Winterniederschlag gesammelt. Über Gräben, Kanal- und Rohrleitungssysteme gelangt das Wasser zu den Feldern.

Offene Gräben sind weniger geeignet, da durch die starke Sonneneinstrahlung viel Wasser verdunstet (M5).

Jeder Bauer hat Anspruch auf eine bestimmte Menge Wasser. Diese richtet sich nach der Größe seines Besitzes. Bei Unstimmigkeiten der Wasserverteilung entscheidet in Spanien das Wassergericht.

Bis zu drei Ernten können durch Bewässerung erzielt werden. In den intensiv bewirtschafteten Huertas („Gärten") gedeihen Obst und Gemüse. An den Küsten wird auch Reis angebaut. Für einen sparsamen Umgang mit Wasser werden immer öfter Leitungen bis an die Pflanzen verlegt, um sie tröpfchenweise zu bewässern (M6).

M6 *Tröpfchenbewässerung*

M8 *Wasser und Wassernutzer in Spanien*

3 Begründe die Notwendigkeit der Bewässerung.

4 Vergleiche die Bewässerungsarten in M5 und M6.

100800-133
schueler.diercke.de

M1 *Gewächshäuser in Almeria, Spanien*

www.youtube.com (→ Almeria, Gemüsegarten)

Obst und Gemüse aus der Intensivlandwirtschaft: Mar del Plastico

Die südostspanische Provinz Almería liegt in einer der heißesten und trockensten Regionen Europas. Dort findet man die weltweit größte bewässerte Anbaufläche unter Plastikplanen. Sogar vom Weltall aus ist das 360 Quadratkilometer große Meer aus Treibhäusern zu sehen.

Fast alle 15000 ansässigen Betriebe haben sich auf Exportobst und -gemüse spezialisiert. Bewirtschaftet werden die Flächen sowohl von großen internationalen Unternehmen als auch von Klein- und Mittelbetrieben, die ihre ehemaligen Wein- und Olivenanbauflächen in lukrative Bewässerungskulturen umgewandelt haben. Heute werden hier jährlich etwa drei Millionen Tonnen Paprika, Tomaten, Auberginen, Bohnen, Gurken, Zucchini, Melonen und sogar Zierpflanzen angebaut. Vor allem im Winter sind diese Produkte auf dem europäischen Markt gefragt, wo man sie zu hohen Verkaufspreisen handelt. Hier werden dann rund 1000 Kühllastwagen täglich beladen. Innerhalb von 48 Stunden erreichen diese über das gut ausgebaute Fernstraßennetz die wichtigsten Großmärkte in Mitteleuropa. Selbst nach Russland und in die USA werden die Produkte exportiert. Der Arbeitskräftebedarf in den Gewächshäusern ist allerdings groß. Allein 80000 Erntehelfer werden jedes Jahr benötigt. Aber es wird eines der höchsten Pro-Kopf-Einkommen des Landes erzielt.

M2 *Anbau unter Folien*

M3 *Anbau in einem Folientreibhaus*

1. Beschreibe die Intensivlandwirtschaft in Südspanien.
2. Erläutere Nachteile dieser Art der Produktion.

M4 *Nationalpark Coto de Doñana in Andalusien, Spanien*

M6 *Erdbeeranbau in Folientreibhäusern um Huelva*

Erdbeeren – Sommerfrüchte auch im Winter

Im Südwesten Spaniens an der Costa de la Luz befindet sich Europas größtes zusammenhängendes Erdbeeranbaugebiet. Es ist mit 60000 Arbeitsplätzen der wichtigste Einkommenszweig in dieser Region. Zugleich liegt hier aber ein bedeutendes UNESCO-Weltnaturerbe, der Nationalpark Coto de Doñana. Er ist neben dem Donaudelta Europas größtes Feuchtgebiet. In den Überschwemmungsflächen und Pinienwäldern überwintern Hunderttausende Zugvögel.

Durch die künstliche Bewässerung der Erdbeerfelder rund um den Nationalpark und den Einsatz von Pflanzenschutzmitteln sind die Grundwasserreserven gefährdet.

Immer mehr Pinienhaine müssen dem Erdbeeranbau weichen.

Auch wenn gesetzlich geregelt ist, welche Menge an Wasser zur Bewässerung aus den Flüssen entnommen werden darf, werden viele Grundwasserbrunnen illegal betrieben.

Pro Saison werden knapp 300000 Tonnen Erdbeeren produziert, die vor allem in den Wintermonaten exportiert werden. Wissenschaftler kommen für Produktion und Transport von spanischen Früherdbeeren zu einer problematischen Klimabilanz: Eine 500-Gramm-Schale Erdbeeren aus Spanien verursacht vom Anbau bis zum deutschen Kunden ca. 390 Gramm Kohlenstoffdioxid (CO_2).

www.nabu.de
(→ Erdbeerkonsum im Winter)

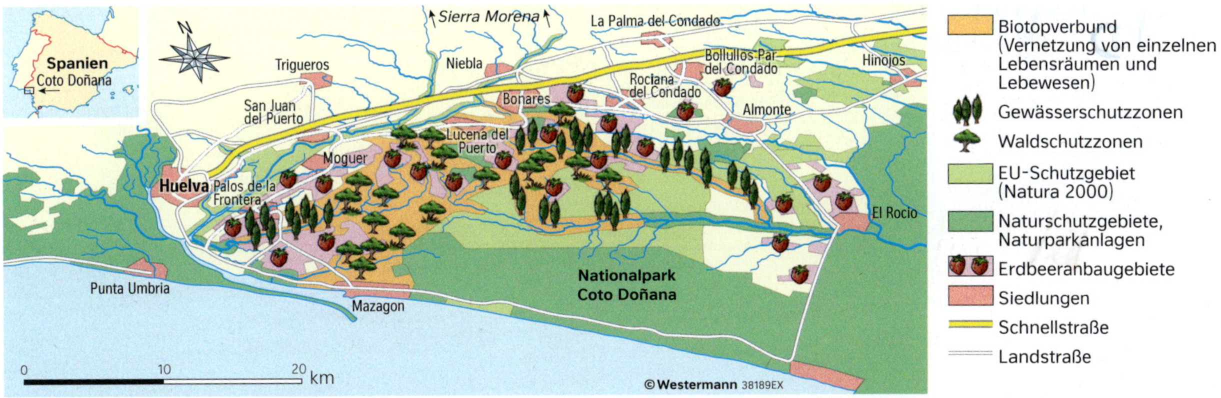

M5 *Coto de Doñana: Nationalpark und Erdbeeranbaugebiet*

3 Diskutiert, weshalb in Deutschland bevorzugt Erdbeeren im Sommer aus regionaler Produktion gekauft werden.

M1 *Ausbruch des Ätna – Sizilien, im Hintergrund die Stadt Catania*

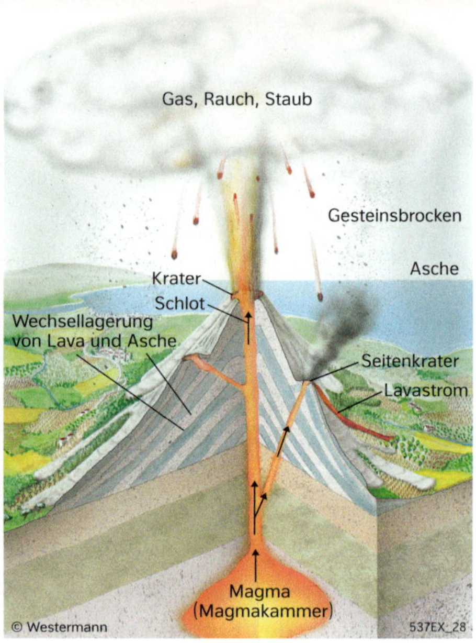

M3 *Aufbau eines Schichtvulkans*

www.youtube.com
(→ Schichtvulkan)

Schichtvulkane

Im Süden Europas müssen die Menschen von alters her mit besonderen Naturbedingungen leben. Hier gibt es aktive **Vulkane** und heiße Quellen. Auch Erdbeben kommen vor (Info).

Die südeuropäischen Vulkane ähneln sich in ihrem Aufbau. Sie haben eine kegelförmige Gestalt. Der Gipfel wird durch den Krater gebildet (M3). Er ist das obere Ende des Schlotes. Durch ihn gelangt Magma aus der Magmakammer an die Erdoberfläche.

Während ihrer aktiven Phasen bauen sich die Vulkane aus Lava- und Ascheschichten selbst auf. Sie werden deshalb als Schichtvulkane bezeichnet.

Europas bekanntester aktiver Vulkan ist der Ätna.

Platten in Bewegung

Die Gesteinshülle der Erde ist in viele Platten gegliedert. Sie bewegen sich in verschiedene Richtungen. An den Plattenrändern herrscht gewaltiger Druck und es bauen sich Spannungen auf. Dadurch entstehen Erdbeben und Vulkane.

M2 *Plattengrenzen im östlichen Mittelmeerraum*

1. Erläutere, weshalb die Mittelmeerregion „unruhig“ ist.
2. Beschreibe Entstehung und Aufbau eines Schichtvulkans.

100800-136
schueler.diercke.de

lik, Filip 220.1. |juniors@wildlife Bildagentur GmbH, Hamburg: Dressler, T. 237.3; J. Freund 28.2. |Karto-Grafik Heidolph, Dachau: 30.3, 69.1, 108.4, 110.4, 137.1, 201.1. |Kartographie Michael Hermes, Hardegsen Hevensen: 181.1, 181.2, 181.3, 181.4, 181.5, 181.6, 181.7, 181.8. |Kassing, Reinhild, Kassel: 214.4. |Kerkhof, Holger, Lage: 17.1, 17.2. |Kiefer, Dillingen: 151.1. |Kommunalgemeinschaft Europaregion Pomerania e.V., Löcknitz: 209.1. |Kozel, Michael, Neuötting: 130.1. |Kreuzberger, Norma, Lohmar: 62.1, 62.2, 75.2. |Kurverwaltung Helgoland, Helgoland: 58.2. |Kymi Paper Oy (UPM-Kymmene Fine Paper): 162.1. |laif, Köln: 243.1; Arcticphoto 25.2; Cover 239.1; Luder/Eyedea/Rapho 244.2; Paul Langrock/Zenit 97.3; REA/Fanny Tondre 187.1. |Lindau, Anne-Kathrin, Lieskau: 245.2, 245.3. |Lookphotos, München: Engel & Gielen 90.2; Karl Johaentges 57.4, 79.2. |Lüddecke, Liselotte, Hannover: 156.2. |Luis Murschetz, München: 177.3. |Luossavaara-Kiirunavaara AB - LKAB, SE-Kiruna: 163.2. |MairDumont GmbH & Co. KG, Ostfildern: 58.1. |Marth, Uwe, Berlin: 166.1. |mauritius images GmbH, Mittenwald: Hefele, Stefan 216.3; imagebroker/Ingo Schulz 39.1; Lehn 106.1; Mallaun 178.6; Messerschmidt 144.1; Photononstop 229.2; Pigneter 194.1; Reichart 172.3; Thomas Hintze 143.2; Thonig 147.4; Zak, Heinz 178.3. |mauritius images GmbH (RF), Mittenwald: Thonig 143.3. |Mithoff, Stephanie, Egestorf: 9.2, 40.3, 46.1, 78.3, 232.1, 232.2. |Möhle, Jutta, Braunschweig: 9.3, 9.4. |Nagel, Norbert / Wikimedia Commons, Mörfelden-Walldorf: 245.5. |NASA, Washington: 14.2, 14.3, 14.4, 14.5, 14.6, 14.7, 14.8, 14.9, 14.10, 14.11, 14.12, 14.13, 14.14, 14.15, 14.16, 14.17. |Nordzucker AG, Braunschweig: 102.1. |Nußbaum, Dennis, Koblenz: 9.5, 9.8, 10.1, 11.2, 47.1, 47.2, 47.3, 47.4, 47.5, 47.6, 47.7, 47.8, 47.9, 47.10, 130.2. |Ochsenwadel, Brigitte, Möckmühl: 175.1. |OKAPIA KG - Michael Grzimek & Co., Frankfurt/M.: Essler 171.3. |PantherMedia GmbH (panthermedia.net), München: Bogacki, Artur 246.2; Gudella, Péter 219.1; Julia M. 19.1; Mueller, Kai 19.3; Nightman1965 222.3; Raab, Klaus 3.3, 54.1; Thomas Kakalik 217.2; tony4urban 174.3; Wendorf, Monika 53.4; Wieslaw, Jarek 246.1. |Pause, M., Weyan: 172.1. |Peterhoff, Dr. Frank, Lenggries: 178.1. |Pflügner, Matthias, Berlin: 20.1, 107.1, 107.2, 107.3, 107.4. |Picture Press Bild- und Textagentur GmbH, Hamburg: Illuteam 43 172.4, 172.5. |Picture-Alliance GmbH, Frankfurt a.M.: 196.1, 199.1; Abaca/De Malglaive Etienne 217.1; Antoine Antoniol, Bloomberg News, Landov 192.4; AP 211.1; Arianespace Cnes/Csg/Martin, S. 206.4; Auth, Stefan 26.1; Baumgarten, Ulrich 132.1; Bein, Matthias 37.7, 77.1; Bildagentur Huber/Gräfenhain 63.1; Bildagentur Huber/Römmelt 136.4; Bildagentur online/Klein 9.6; blickwinkel 141.1; Braga, Kirill 151.2; Bruce Coleman/Photoshot 199.2; De Tienda 5.1, 184.1; Dimas Ardian/Bloomberg News /Landov 29.4; dpa 103.2, 215.5; dpa-ZB/Pleul, Patrick 168.1; dpa-ZB/Thieme, Wolfgang 73.2; dpa-Zentralbild/Bernd Wüstneck 66.5; dpa-Zentralbild/euroluftbild 51.2; dpa/AFP 193.2; dpa/Brenneisen, Oliver 248.1; dpa/DB Winkler, Herbert 14.1; dpa/EU 108.1; dpa/gms Grünzweig + Hartmann AG 132.4; dpa/Hartmann, Christian 203.2; dpa/Hub 117.3; dpa/Imaginechina 23.1; dpa/Nieboer, Albert 37.9; dpa/Pilick, Stephanie 40.2; dpa/RIA Nowosti 136.3; dpa/Scholz 229.3; dpa/Seeger, Patrick 37.11; dpa/Steffen, Peter 136.1; dpa/Votava 51.1; dpa/Zimmermann, Peter 100.2; Endig, Peter 120.1; euroluftbild.de/Elsen, Martin 67.1; euroluftbild.de/Martin Elsen 90.1; euroluftbild.de/Steffen Schellhorn 121.1; Felix Hörhager 148.1; Freyer, Ralf 79.1; HB-Verlag/Karl Johaentges 178.5; Helga Lade/Krämer, G. 75.1; Horst Ossinger 122.2; Jaspersen, Carmen 113.3; Jens Wolf/Zentralbild 121.2; Kasper, Jan-Peter 187.4; KEYSTONE/dpaweb/Balzarini 173.3; Klar 60.1; Koene, Ton 27.4; KPA/Gontier 196.2; Kungel, Reinhard 86.2; lehtikuva/J. Avikainen 136.2; Lubenow, Sabine 71.3; MAC MATZEN, MORRIS 127.1; Novosti, RIA 141.2; Patrick Pleul/dpa 209.2; Patrick Pleul/Zentralbild 104.1; Perrey, Ulrich 108.2; PHOTOPQR/OUEST FRANCE/Cherel, Philippe 215.6; Polfoto Molloy 197.1; Prautzsch, Alexander 123.1; Rampfel, Stefan 126.1; Remmers, Kai 109.2; RIA Nowosti 147.1; Roland Mühlanger 173.2; Sauer, Stefan 66.2; Schmidt, Christoph 127.3; Schmidt, Hendrik 105.3; Schmidt, Norbert 118.3; Trenkler, Jens 169.1; Uwe Zucchi 132.5; Weissbrod 191.2; Weitzel, Holger 89.1; Werle, L. 237.2; Westend61/Heinemann, Dieter 82.2; Wildlife/Harvey 29.8; Willnow, Sebastian 40.1; Wolf, Jens 78.1; ZB/Baumgart, Frank 237.4; ZB/euroluftbild.de/Blossey, Hans 118.2; ZB/euroluftbild.de/Elsen, Martin 86.1; ZB/euroluftbild.de/Grahn, Robert 85.1; ZB/Grubitzsch, Wolfgang 129.1; ZB/P. Förster 106.2; ZB/Wüstneck, Bernd 45.2. |pixelio media GmbH, München: st.ahler 66.3. |Rheinisch-Westfälisches Wirtschaftsarchiv zu Köln (RWWA), Köln: RWWA 130-459/47 116.2. |Schönauer-Kornek, Sabine, Wolfenbüttel: 24.2, 40.4, 53.1, 53.3, 53.5, 53.6, 53.8, 53.9, 68.3, 68.4, 68.5, 68.6, 68.7, 68.8, 68.9, 68.10, 68.11, 68.12, 87.1, 92.2, 92.4, 92.5, 93.2, 93.3, 96.1, 97.1, 131.1, 140.2, 140.3, 140.4, 140.5, 140.6, 140.7, 140.8, 153.1, 153.2, 153.3, 157.1, 157.3, 183.1, 183.2, 183.3, 183.4, 208.1, 208.2, 214.1, 214.2, 214.3, 233.1. |Schwarzstein, Yaroslav, Hannover: 12.1, 16.3, 64.2, 65.1, 91.1, 92.1, 92.3, 93.1, 122.1, 138.1, 138.2, 139.1, 139.2, 139.3, 223.1, 226.4. |Seipelt, Andrea, Vechelde: 42.1. |Shutterstock.com, New York: anyaivanova 141.5; bluecrayola 64.1; Ching, Engel 190.1; ELEPHOTOS 144.4; Erdbeer, Alexander 159.2; Gaspar Janos 4.2, 154.1; gguy 125.2; HildaWeges Photog 141.4; karp5 71.4; Kiev, Victor 202.1; linerpics 38.1; milosk50 195.1; mRGB 35.6; Nordeng, Bent 163.1; Ronald Rampsch 37.8; RZ Design 242.1; Sasa Kadrijevic 3.1, 6.1; Stroie,

Razvan 226.2; TTstudio 192.1; Ververidis Vasilis 243.2; VICTOR TORRES 160.1. |Siemens AG, München: 113.1. |Stadt Duisburg, Duisburg: Köppen, Uwe 118.4. |Sternberg, Katharina, Kiel: 198.1, 198.2, 198.3, 198.4. |Stiftung Schleswig-Holsteinische Landesmuseen, Schleswig: Dewanger, Marcus 15.4. |stock.adobe.com, Dublin: alexbuess 73.1; ammitmedia@ymail.com 27.3; Andreas P 37.12; Andronov, Leonid 34.18; ankenevermann 45.3; Arid Ocean 260.1, 262.1; ArTo 78.2; Beck, Markus 165.3; Belousova, Yulia 34.20; Bengochea, Israel Hervás 239.2; bidaya 108.3; cegli 71.2; Czauderna, Henry 80.1; Eisenhans 203.1; eyetronic 94.2; eyewave 43.1; familie-eisenlohr.de 29.6; Foto-Ruhrgebiet 215.1; fotowunsch 59.2; Gruhl, Andreas 86.5; Guillaume Le Bloas 37.3; Hannes 61.2; Hansen, Hendrik 167.1; Kröger, Bernd 38.2; LianeM 71.1; lom742 30.1; Lopatkin, Oleg 15.1; lumberman71 74.1; Maksimenko, Taras 165.1; Manuel Schönfeld 67.2; Matthias 69.2; Meijer, Michael 165.4; Moser, Uwe 159.1; mrvisual 77.2; Mueller, Uwe 82.1; Mueringer, Christian 71.6; nedomacki 125.3; pico 37.6; powell83 91.3; pure-life-pictures 51.4; rh2010 34.22; Rinna8 180.2; Robert Neumann 37.5; Rohde, Gabriele 37.1, 89.3; Schlierner 37.4; Stephanie Eckgold 37.2; STOCK-STUDIO 249.1; tmass 12.2; topics 43.3; TR Design 43.2; wsf-f 43.4, 53.7; zgphotography 229.1. |Storm Stuttgart: 218.2. |Strohbach, Dietrich, Berlin: 165.2. |Süddeutsche Zeitung - Photo, München: C. Naundorf 161.1. |Theisen, Martina, Fulda: 36.2. |Tomicek/www.tomicek.de, Werl: 249.2. |Trebels, Rüdiger, Düsseldorf: 22.1. |Trinkwasserversorgung Magdeburg GmbH, Magdeburg: 167.2. |ullstein bild, Berlin: 112.1; CARO/Frank Sorge 202.2; Hartmann 144.3; imageBROKER/Holger Weitzel 59.1. |Umweltbundesamt, Dessau-Roßlau: 207.1. |vario images, Bonn: 238.1. |Visum Foto GmbH, München: Panos Pictures/Piotr Malecki 221.2; Woodfall 144.5. |Wandrey, Guido, Dagebüll: 99.1, 99.2, 99.3, 99.4, 99.5, 99.6, 132.7, 132.8. |Wendorf, Monika, Hannover: 16.2, 239.3. |Wenke, K., München: 173.1. |Wenzel, Christine, Witten: 19.4. |Zehrfeld, Heike, Berlin: 68.1. |© Europäische Union: 104.2.

Mit Beiträgen von:
Matthias Bahr, Matthias Baumann, Ulrich Brameier, Kerstin Bräuer, Frank Bronder, Thomas Brühne, Wilfried Büttner, Evelyn Dieckmann, Hans Dimpfl, Dieter Engelmann, Michael Ernst, Helmut Fiedler, Tom Fleischhauer, Timo Frambach, Sarah Franz, Roland Frenzel, Renate Frommelt, Peter Gaffga, Martina Gelhar, Wolfgang Gerber, Kerstin Gerlach, Horst Gräning, Jan-Gunnar Grote, Klaus Hähnel, Martin Häusler, Anja Heil, Markus Held, Uwe Hofemeister, Reinhard Hoffmann, Guido Hoffmeister, Stefan Junker, Claus Kappl, Joachim Kasten, Uwe Kehler, Anna Kerger, Holger Kerkhof, Peter Kirch, Renate Koch, Peter Köhler, Hartmut Kowalke, Philipp Kraft, Norma Kreuzberger, Hans Kronfeldner, Selma Last, Wolfgang Latz, Kerstin Lemke, Ute Liebmann, Anne-Katrin Lindau, Cornelia Linde, Mager, Franz-Peter, Susanne Markert, Heidemarie Müller, Jürgen Nebel, Rainer Niedernostheide, Alexander Oberst, Michael Ostermann, Bernd Poitschke, Steffen Pabst, Frank Prehl, Hans-Joachim Pröchtel, Bernd Raczkowsky, Simone Raffeiner, Jasmin Repplinger, Simone Reutemann, Ines Rittemann, Wolfgang Salzmann, Claudia Schaal, Günther Scheefer, Ines Schmidt, Carola Schön, Bärbel Schönherr, Henning Schöpke, Thomas Seidl, Veronika